在其位 谋其事 尽其责

在其位不谋其事，虚度年华；
谋其事不尽其责，扪心自愧。

唐莉丽　李军燕◎编著

世界500强企业人力资源专家倾情讲述
职场亲历：成就职业人生之道。

把职业当事业，把企业当家业，做自己事业的摆渡人，成为让人尊重的人。

人民日报出版社

图书在版编目（CIP）数据

在其位　谋其事　尽其责 / 唐莉丽，李军燕编著.
--北京：人民日报出版社，2017.8
ISBN 978-7-5115-4845-0

Ⅰ.①在…　Ⅱ.①唐…②李…　Ⅲ.①企业管理－人力资源管理　Ⅳ.①F272.92

中国版本图书馆 CIP 数据核字（2017）第 189014 号

书　　名：**在其位　谋其事　尽其责**
作　　者：唐莉丽　李军燕

出 版 人：董　伟
责任编辑：刘天一
封面设计：陈国风

出版发行：人民日报出版社
地　　址：北京金台西路 2 号
邮政编码：100733
发行热线：（010）65369527　65369512　65369509　65369510
邮购热线：（010）65369530
编辑热线：（010）65369533
网　　址：www.peopledailypress.com
经　　销　新华书店
印　　刷　北京柯蓝博泰印务有限公司

开　　本：710mm × 1000mm　1/16
字　　数：175 千字
印　　张：13.25
印　　次：2017 年 9 月第 1 版　2017 年 9 月第 1 次印刷

书　　号：ISBN 978-7-5115-4845-0
定　　价：39.80 元

前言

对于责任的重要性，我听过最好的几句名言是这样的：

威尔逊说："责任感和机遇成正比。"

歌德说："责任就是对自己要求去做的事情有一种爱。"

顾炎武说："天下兴亡，匹夫有责。"

不论是对待家庭、对待社会、对待朋友还是对待工作，责任感是我们与生俱来的使命。这种使命在我们的生命中有着举足轻重的地位。缺乏责任感的家庭一定不会和睦；缺乏责任感的社会一定不会稳定；缺乏责任感的友谊一定不会长久。尤其是对身在职场的人来说，缺乏责任感，我们将一事无成。我们的每一次工作，都是对我们责任心的考验，我们既然选择了这份工作，就要尽全力做好，为其负责，同时，这也是为自己的人生负责。对此，我记得英国小说家毛姆曾经说过这样一句话："要使一个人显示他的本质，叫他承担一种责任是最有效的办法。"

在我的企业里，我鼓励每一位员工都要有无与伦比的责任心。不管我们处在什么工作岗位，我们的薪水高低，我们的工作就是我们的责任，我们的使命。在全球经济迅速发展的今天，我们每个人扮演的角色都不是单一的，但不管此时此刻我们扮演的是哪种角色，肩上的责任都是不能推卸的。

现在，很多企业招聘员工时，是否有责任心成为一个很重要的考量因素。在微软，“责任感”贯穿于工作的每个步骤；在华为，其核心的企业理念就是：“认真负责和管理有效的员工是我们公司最大的财富”；在IBM，每个人坚守的观念是：“永远具有强烈的责任感。”

令我感到遗憾的是，依照职场现状，如果要在责任感和能力之间选择其一，大部分人会选择能力。事实上，如果一个人有责任心，他很可能会通过后天的锻炼让自己的能力得到提高。但是一个人没有责任心，即使能力再强，恐怕也不会把事情做好。

所以，为了让大家能够明白“在其位就要谋其事、尽其责”的重要性，我决定撰写此书。本书是通过我多年的实践经验和向诸多卓越企业学习的心得，总结了“尽其责”的九个要素，告诉大家如何谋其事、尽其责。

如果你是一名企业最基层的员工，我希望你认真地阅读此书，并在日常工作中认真执行，那么无论你做什么样的工作，我相信你一定会有成功的一天。

如果你是一名企业的中层管理者，我也希望你认真地阅读此书，并把这本书送给你的下属，只要你的下属能做到谋其事、尽其责，你的团队将会所向披靡。

最后，我祝愿大家都能激发责任感，尽职尽责地做好工作，成为企业最优秀的员工，在竞争的职场中处于不败之地。

目录

第一章 职位虽低，境界要高：不管处于什么岗位都要做到最好

所谓“职场虐我千百遍，我待职场如初恋”。也许你正在企业的最基层摸爬滚打，也许你正做着一份自认为十分卑微的工作，但是你不能得过且过。不管你处在什么岗位，责任心都是最重要的，要做就做到最好。带着对工作的专注和执着，摆正心态，减少抱怨，一定能取得成功。

第二章 爱岗敬业，踏实工作：可以不专业，不能不敬业

不管我们做什么样的工作，都要有踏实、敬业的工作态度。只有端正了自己的工作态度才能做好工作，做职场的主人。我们不能只看重薪水而忽略自己的责任，要把工作放在第一位，始终对工作付出百分百的热情，才能把工作做到最好。如果说

卓越的能力让我们的职位越来越高，那么敬业精神就会让我们在职场上走得长久。

第三章　自动自发，主动工作：像老板一样勤奋努力

在同一家公司中，有的人走向成功，而另一些人却终日碌碌无为。是什么原因导致如此大的差异？很简单，那就是积极的态度。想要比其他人更出色，就要比其他人更积极主动地工作。主动工作，也是提高个人责任的一个重要方面。

第四章　拒绝借口，勇担责任：任何借口都是不负责

在企业里，领导重视的往往是那些善于解决问题、勇于承担责任的员工，而不是那些整天找借口消极怠工的员工，因为他们知道，找借口的员工在职场中是没有任何竞争力的。优秀

的员工敢于挑战一切不可能，并且积极主动地承担责任，与工作中遇到的阻力正面对战，成为更优秀的人。

一个员工是否有执行力，是衡量员工是否优秀的条件之一。在职场上，那些优秀的员工都是坚决的执行者，他们从不为自己找借口，而是尽自己最大的能力解决问题，把工作完成得滴水不漏。

在职场上，很多人觉得小事不重要，做小事没有意义，但有时，恰恰是这些小事给工作造成了巨大的影响。天下大事，必作于细。1% 的错误有可能带来 100% 的失败，因此，每一个细节都应该被注意。

第七章　团结合作，广结人缘：尽职尽责更需要合力“共赢”

现在的企业越来越重视团队的合作，企业中几乎没有能不依靠团队、单枪匹马地完成任务的员工。职场上有一些能力非常强的人，他们孤军奋战，累死累活也没有做出多大的成绩。其实他完全可以凭借团队的力量让自己更优秀。

第八章　高效工作，创造业绩：累死你的不是工作，是方法

想要提高工作效率，做一个高效的执行者，最重要的就是要找对方向。有的放矢才能行动迅速，摆脱优柔寡断。除此之外，做事还要有条理，今日事今日毕，日清日高。一个有效率的人，同样的时间他们能做更多的事情。他们通过合理安排自己的工作，把工作化繁为简、化整为零，提高自己的效率，成为企业中的佼佼者。

第九章 立足本职，积极进取：不断提升自己，缔造人生辉煌

现在是一个风云变幻的时代，假如你只是满足于现状，没有长远的计划，就像是井底之蛙，几乎没有成功的可能。企业需要的是有能力的人，这些人能快速学习新知识，并把学到的技能迅速运用到工作上。因此，你必须努力提升自我，不断学习新技能。

第一章

职位虽低，境界要高：不管处于什么岗位都要做到最好

所谓“职场虐我千百遍，我待职场如初恋”。也许你正在企业的最基层摸爬滚打，也许你正做着一份自认为十分卑微的工作，但是你不能得过且过。不管你处在什么岗位，责任心都是最重要的，要做就做到最好。带着对工作的专注和执着，摆正心态，减少抱怨，一定能取得成功。

1. 没有卑微的工作，只有平庸的态度

我们公司有一名非常优秀的员工叫陈丽，她雷厉风行、果断沉稳，工作效率很高，也很受大家信任。但她刚到公司时可不是这样的。

陈丽大学毕业后就在我们公司行政部做前台，每天无非就是做整理资料、接收快递、接听电话等一些琐碎的工作。所以，她在做前台的两年时间里，虽然工作没出过错，但是也没有什么出彩之处。直到那一次我让她给我订出差的机票。这件事，让我对她的看法有了转变。

当天下午，她来到我的办公室对我说："陈总，您的行程我都帮您安排好了，后天上午十点的飞机，下了飞机后，会有司机来接您去酒店。第二天的会议安排我也和客户公司确认过了，已经把时间表发到您的邮箱了，回程的机票我也已经订好了，请您确认一下。"

我原本以为按照陈丽的工作状态，需要等到出差前一天下班才会有消息，没想到她的效率这么高。

年底时，在公司的年会上，我无意间和她聊了聊，她跟我说："陈总，我知道我以前的工作并不出色。其实，我本来都打算辞职了，但是我妈的一番话点醒了我。我妈退休了，在一家小公司做保洁，并不是什么重要的工作，但我妈做得非常认真，我妈跟我说，工作不在乎大小，只要你全心全意做好了，老板自然会感受到，这世界上从来没有卑微的工作，只有平庸的工作态度。

后来陈丽就像换了个人一样，经她手完成的工作没有领导不满意的，

前台的工作越来越顺手，她也越来越有激情。没过多久，她就升了行政专员，再后来，成为了行政部主管。

对于陈丽，我非常欣赏她后来的转变。我记得马丁·路德·金曾经说过，“如果一个人是清洁工，那么他就应该像米开朗琪罗绘画、像贝多芬谱曲、像莎士比亚写诗那样，以同样的心情来清扫街道。他的工作如此出色，以至于天空和大地的居民都会对他注目赞美：瞧，这儿有一位伟大的清洁工，他的活儿干得真漂亮！”

令我遗憾的是，像陈丽这样的员工在如今的公司是少之又少。我经常在工作中听到员工们的抱怨：“现在上班真是越来越难了，要是我生在有钱人家多好，整天累成狗，还不是为了那几个生活费。”我相信，这种现象并不是个例。在职场中，有许多人抱怨自己的职位太低，工资太少，每天起早贪黑地上班不过是为了生计。而这些人在以后的工作中往往很难做出成绩。

“工作”两个字说起来容易，想要做好却很难。我在工作上能取得今天的成就，就是靠我对工作的认真负责赢得的。对此，我想跟大家说，不管我们身处什么职位，都不要看轻自己。假如我们觉得自己现在的工作没有任何意义，那就大错特错了。也许某些行业没有体面的工作内容，没有舒适的工作环境，但是请你记住，衡量一份工作是否伟大，从来不是以客观条件论英雄，而是要看这份工作创造的价值。只要你认真对待你的工作，没有人会看不起你。因为这个世界上没有卑微的工作，只有平庸的态度。

在企业中，有很多不同的岗位。除了一些特殊的人需要从事特定的工作外，大多数人都从事着平凡的工作。工作在一个人的心里不可有高低、贵贱之分。要知道，工作的实质都是一样的，只是分工不同罢了。在公司里，任何一道工序都有存在的道理。上至老板的决策，下至清洁工的打扫，都是必不可少的，都是值得尊重的。如果你因为自己在底层打扫卫生而看不起自己，看不起自己的工作，那只能证明你对待工作的态度出了问题。

说到这里，我想跟大家分享一下我们公司另一个员工——小林的工作经历。他是我们公司 IT 部门的技术人员，名牌大学毕业，能力很强。公司规定，凡是新进员工，全部从所属部门基层做起，快速熟悉本部门工作。

他去部门报到的第一天，技术部主管就跟他说："小林，你刚到公司，各个方面都还不熟悉，你就先负责维修公司电脑故障、维护后台系统吧，以便尽快熟悉部门环境。"

听了这话，小林心里十分不平衡，心想："我可是名牌大学毕业的高材生，就让我去修电脑，也太小瞧我了吧，这让我在同学面前怎么抬得起头。"

有一次，市场部主管不小心把咖啡洒在电脑上，电脑不运行了，于是他就把电脑拿去让小林帮忙恢复，他对小林说："小林，我电脑进咖啡了，里面有一个非常重要的 PPT（演示文稿），我明天跟客户开会的时候要用，你一定尽快帮我弄好了，麻烦你了啊。"

小林心想："这么简单的活儿，我分分钟就搞定了。"于是小林修一会儿，玩一会儿，到下班时间了还没弄好，这下小林心急了，随便弄了几下就给主管还回去了。

没想到，第二天市场部主管和客户开会时，电脑突然就死机了，会议突然中止，客户有点不满意。市场部主管非常生气，把小林叫到办公室，狠狠地训了一顿："你是怎么回事，你这是什么工作态度，就是因为你差点害我们损失了一个大客户！"小林也因此被扣了三个月的奖金。

我们都想拥有一份自己喜欢，并且能充分展现自己长处的工作。可是如果你没有找到，就可以消极怠工，敷衍了事吗？工作是否卑微，是否乏味，完全取决于我们的心态。当一名环卫工人并不是什么丢脸的事，如果卫生做不好，影响市容，那才丢人。

在我们的身边，有许多人不尊重自己的工作，不把工作看成创造一番事业的必由之路和发展人格的助力，而只是视为衣食住行的供给工具，认为工作是生活的代价，是无可奈何、不可避免的劳碌。那些看不起自己工作的人，往往是一些被动适应生活的人，他们不愿意奋力崛起，努力改善自己的生存环境。对于他们来说，在政府部门工作更体面、更有权威性。他们不喜欢商业和服务业，不喜欢体力劳动，自认为应该活得更加轻松，应该有一个更好的职位，工作时间更自由。他们总是固执地认为自己在某些方面更有优势，会有更广泛的前途，但事实上并非如此。

工作本没有高低贵贱之分，但是对待工作的态度却有千差万别。怎样才能知道一个人能不能把事情做好呢？很简单，看他怎么对待自己的工作就行了。那些认为自己的工作很低贱、很没意义的人，都是被生活控制的人，他们觉得生活就是这样了，不想通过自己的努力改变命运。

工作贯穿我们整个生命，我们用什么样的态度对待工作，工作就给予我们什么样的回报。假如我们日出而作，日落而息，每天勤奋地工作，并在工作中不断地提高自己，我们的视野会变得开阔，人生会变得明亮；假如我们每天都浑浑噩噩，人浮于事，那么被集体、社会淘汰，是迟早的事。

请记住，我们做的每一件事都是有意义的。如果我们是保洁员，看到自己打扫的办公室一尘不染，柜子上的书摆放得整整齐齐，卫生间没有一丝污秽，是不是有巨大的成就感呢？假如我们是老师，看到学生一张张天真无邪的脸，看到他们的一点点进步，当他们对我们说一声“老师好”，是不是也感到一丝欣慰呢？

我们都知道人活着要有尊严。严肃对待工作的人，都明白尊严的真正源头。在他们的心中，工作象征着一个人的尊严，工作使他们更深刻地理解了“人生来是平等的”这句话的意义。他们把工作当成人生中极为重要的一部分，兢兢业业，一丝不苟，竭尽全力做好每一件事情，在其所从事的领域中表现卓越。当然，他们的付出也得到了相应的回报。他们虔敬地对待工作，使工作给人以尊严，人也给工作以尊严！

没有不重要的工作，只有看不起自己工作的人。不管你的工作看起来如何卑微，都应当付之以艺术家的精神，都应当抱有十二分的热情，在任何情形之下都不允许自己对工作表示厌恶。厌恶自己的工作，最终也会遭到工作的厌恶。

我记得《福布斯》的创始人 B. C. 福布斯曾说："做一个一流的卡车司机，比做一个不入流的经理，更为光荣，更有满足感。"

当我们慢慢适应自己的工作，慢慢喜欢上自己的工作，在工作中最大限度地发挥自己的长处，不断自我提升，我们就达到了实现自我的目的。一个人实现自我，首先会把工作当成发挥主观能动性的对象，竭尽全力完成它，从而实现个人价值。

如果总是站在外人的角度上看待自己的工作，或者用世俗的眼光衡量自己的工作，那工作一定是单调乏味、毫无生气可言的。

我们看待问题的方式是有局限性的，必须由表象看到本质，才能发现工作的真正意义。有些工作看起来很无聊，但是你有没有去接触，去了解呢？没有调查，就没有发言权。所以，不管我们是否幸运地做了自己喜欢的工作，都要深入了解自己的工作，把工作看成人生的荣耀。

一份职业是不能决定一个人的表现的，能决定一个人的表现的是工作态度。而这种态度最终会影响一个人的生活。职场地位是由我们的行动结果决定的，而不是脑海里空洞的规划，就算是在平凡的岗位上，也要做出不平凡的成绩。无论如何请记住，没有卑微的工作，只有平庸的态度。

2. 岗位就是责任，“跑龙套”也要认真负责

在工作中，我经常看到这样一类员工，他们做事不像“聪明人”那样思前想后、寻找捷径，面对上司交代的工作，他们只会兢兢业业、保质保量地完成。对于这一类员工，尽管我是十分肯定和欣赏的，但很多人在背地里却说他们是“傻子”，觉得他们整天做这些费力不讨好的事情，跟跑龙套有什么区别，也没什么前途。

事实果真如此吗？我看不尽然。在我看来，这些被当成“傻子”的员工，其实是真正的聪明人。他们身上具备一个优秀员工应当拥有的品质——责任心。这正是企业所需要的。

在《杜拉拉升职记》中，里面的女主角杜拉拉，刚进入职场时也只是个跑龙套的，在工作中是一个典型的“傻子”。但是，她对待工作认真负责，凭借自己的“傻子精神”一步步升职加薪，走上了事业巅峰。

在我看来，一个人不管从事何种职业，都应该尽职尽责、全心全意地把工作做好。不仅在工作中要如此，在生活中也应该这样。我观察了我周围的成功人士，他们都顶着“傻子”的帽子在各自的领域里恪尽职守，脚踏实地地干好每一件事，最终取得了成功。一位著名演员曾经说过这样一句话：“心安就是在一个人所生活的世界与他内心的世界之间创造的一种一致性。”我们要想获得心安，首先要有责任心，只有具备责任心才能实现生活和内心的统一。

我的团队之前有一位叫周硕的员工，在美国读完 MBA 回国，个人条

件非常优秀。他刚进公司，我就对他说："因为你没有任何项目的实操经验，我暂时还不能把一些事情单独交给你做，你负责处理一下日常文件，整理客户资料吧，看看其他的同事是怎么做项目的。"

周硕表面上答应得很爽快，私下里却跟同事抱怨："我虽然没什么经验，但也是正经 MBA 毕业的吧，我现在做的算什么？跟跑龙套有什么两样。"

有几次，他的工作出了些错误，我提醒他："虽然你现在的工作并不是很重要，但是你也要有责任心，认认真真将其做好。"周硕唯唯诺诺地说："知道了陈总，我下次一定注意。"

后来，我把一份很重要的文件交给周硕复核，我对他说："周硕，这份文件你仔细核对一下，后天我和客户开会时要用，认真一点，这份文件很重要。"

周硕觉得这是一个展示自己的大好机会，觉得自己终于有出头之日了，就兴冲冲地接下了这份工作。没过多久，他就把文件交给我了。但是，我看了他复核的文件之后非常失望，一个海归的 MBA，居然没有发现文件里把"出口"写成了"进口"。

我把他叫到我的办公室对他说："小周，看看你自己审核的文件，这么简单的错误都没发现，你是怎么工作的，你太没有责任心了，我觉得你不太适合我的团队，请你另谋高就吧。"最终，周硕为他自己的不负责任埋了单。

我之所以会解雇周硕就是因为他对工作没有责任心，没有认真对待自己的工作。企业想要发展，离不开员工的努力。但是，这样的员工留下来只会影响企业的发展，没有哪个老板愿意雇用这样缺乏责任心的员工。要想获得老板的赏识和重用，唯一的捷径就是具备责任心，卓越地完成工作，只有这样才能开辟自己事业的一片天地。

在这么多年的企业管理中，我发现，但凡优秀的员工，他们身上都具有同一种特性，那就是“责任心”。无论何时，他们都能把自己的本职工作做好，对自己负责，对工作负责。作为企业的一分子，你如果做事马马虎虎，对待工作都不认真，想要在职场中长久发展可谓天方夜谭。

老胡是我们公司的保安，他平时对待工作非常认真，只要是他当班，陌生访客一律登记才能进入，车辆都要经过检查才能进入。货车出入他也会认认真真地盘查数量才放行。老胡从来不关心自己每天会吸入多少尾气，也不在乎每天要流多少汗水，他觉得只要是上班，就要做好自己的本职工作，哪怕自己只是个小小的保安。

但是，如此尽职尽责，老胡还是听到了一些闲言碎语：“不就是个看大门的吗，还真把鸡毛当令箭了，一点都不知道变通，也不知道他这么累是为了什么，又没几个钱。”虽然别人的议论让老胡非常失望，但是，他还是坚持自己的做事风格，对待工作坚决不松懈。

有一天，我在公司门口遇见他，和他聊了几句，他告诉我：“既然我做了这份工作，就要做好，保安不就是保卫大家安全吗，如果连这点责任都承担不了，那我在这儿还有什么意义呢?”

一天夜里，老胡值班时从监控里看到几个人在仓库后门鬼鬼祟祟，他第一时间报了警，然后冲到后门大声吼道：“你们在干什么!”几个人听到后，抱头鼠窜，老胡保护了公司的财产，让公司避免了损失。

老胡就是执着地坚持着自己的信念，让公司每年几十亿的物资出入没有半点差错。他甚至凭借着自己坚持对工作负责的态度获得了老总的赏识，晋升为保安部队长，还获得了年度优秀员工的称号。

就像其他人说的那样，老胡完全可以睁一只眼闭一只眼，自己的工作也轻松一些，和公司其他人的关系也能缓和一些。但是，老胡并没有这样做，他觉得那就是不负责的表现。老胡就是凭借自己的责任心坚守住了岗位，获得了领导的嘉奖。

比尔·盖茨曾经说过：“对工作负责是每一个员工应有的品质，即使你的职位再渺小、工作再平凡，只要你决定上岗，就对自己的工作有不可推卸的责任。”在比尔·盖茨眼里，只有对工作具备高度的责任感，才能有能力承担更有挑战性的工作，把工作中的每一个细节都做到精益求精，这样的员工，才是真正优秀的员工。

作为员工，我们要时刻明白自己的责任是什么，清楚自己为什么工作，搞清楚这个问题，才能在愉快工作的同时，既实现自己的价值，又提升自己的能力，让自己成为超一流的员工。

每一个员工都有自己的工作岗位，有岗位就得负起责任。虽然岗位有高有低，责任有轻有重，每个人能力有大有小，水平有高有低，但有一点应该是共同的，那就是敬业精神和岗位责任心。按照职责分工，干好本职工作，尽到自己的责任，对得起企业为你付出的那份报酬。任何时候都要记住：你的岗位就是你的责任！不管这个岗位是什么，是当顶梁柱还是跑龙套，你既然在这个岗位，就要负起责任！

3. 认真专注，好好工作是为企业更是为自己

有人说过这么一句话：“专一不是一生只喜欢一个人，而是喜欢一个人的时候一心一意。”我觉得对待工作也应该如此，既然选择了这份工作，就要一心一意把工作做好。

我一直认为，对工作是否专注，能体现一个人对人生的态度。专注的工作态度能让人由内而外获得提升。态度决定一切，如果我们想在工作中做出一番成绩，首先就应该学会静下心来，让自己体内的每一个细胞都为工作而服务。

专注拥有非常巨大的能量，专注的效果往往又是出乎人们意料的。我的朋友张文现在青岛经营着一家书店。他最初开书店的原因非常简单，因为他喜欢看书。他没有任何经营经验，没有任何进货渠道，但是他依然想把这个书店开起来，于是，他开始做市场调查。

张文参观了青岛很多独立书店，看看他们的店面装潢，学习他们的经营理念，也走访了身边很多喜欢读书的朋友，了解他们心目中的书店是什么样子的，还拜托了做出版的朋友，让他们联系书籍供货渠道。

半年后，他的书店开张了，朋友们纷纷前来祝贺。他还在报纸、公共汽车站投放广告，没过多久，他的书店就小有名气了。因为他的书店很有特色，还吸引了不少外地的游客慕名而来。

尽管他的书店开得如火如荼，经营逐渐走上正轨，但是他的父母却不支持，他的父亲劝他考研究生，毕业后去外企工作。

张文面对父母也不好说什么，于是先答应了下来。书店的生意越来越好，已经有投资商打算支持他开分店了。张文决定向父母坦白：“我不想考研，我想把书店继续经营下去。”

他父亲问他：“你有目标吗?”

他说：“我要成为新华书店的对手。”

张文的父母听完他的解释以及他对未来的规划，同意他继续把书店开下去。现在，张文在投资商的帮助下，已经有三家分店了。

张文对事业的专注，让书店办得风生水起，也让自己过上了想要的生活，实现了自己的人生价值。假如当初他没有对事业的这份专注，又怎么会违背父母的意愿，坚持把书店开下去呢？张文对事业有着无限的热情，他知道自己在做什么，他知道自己一定会成功。有对事业这样的专注，张文才会获得成功。

专注就是专心致志，就是一心一意、执着坚持，就是把所有的精力都集中于一点、不为任何事情干扰、不达目标不罢休的行为。

专注是优秀员工的优秀品质，是平庸和卓越的分水岭。没有专注，就不可能成功。因为一个人如果不能专注于自己的工作，三心二意，三天打鱼两天晒网，东张西望，左顾右盼，是不可能取得成就的。常言说得好：一心不能二用。不能专注于心，只能一无所获。

专注是做好事情的前提。专注目标不仅能让成功的道路清晰可见，还能让一个人集中力量朝着这个方向奋斗。有了好的奋斗方向，也就会有好的事业结果。

小吕是我们公司一名创意文案。一次，一个著名的洗衣粉制造商委托我们公司做广告宣传，负责这个广告创意的好几位文案创意人员拿出的文案都不能令制造商满意。没办法，经理对小吕说：“你先把手头其他工作停一停，专心完成这个文案吧。”

一连好几天，小吕都在办公室里一边摆弄整袋的洗衣粉，一边想：“这个产品在市场上已经卖得非常好了，别人家的许多广告词也非常富有创意。那么，我该怎么找个新的突破口呢?”

有一天，他在苦思之余，把手中的洗衣粉袋放在办公桌上，又翻来覆去地看了几遍，突然间灵光闪现，他想把这袋洗衣粉打开看一看。于是找了一张报纸铺在桌面上，然后撕开洗衣粉袋，倒出了一些洗衣粉，一边用手揉搓着这些粉末，一边轻轻嗅着它的味道，寻找感觉。

突然，在射进办公室的阳光下，他发现了洗衣粉的粉末间遍布着一些特别微小的蓝色晶体。

审视了一番后，证实的确不是自己看花了眼。他便立刻起身，亲自跑到制造商那儿问这到底是什么东西。得知这些蓝色小晶体是一些“活力去污因子”，有了它们，这一次新推出的洗衣粉才具有了超强洁白的效果。

明白了这些情况后，小吕回去便从这一点下手，绞尽脑汁，寻找最好的文字创意，最终推出了非常成功的广告文案。广告播出后，这款产品的销量急速攀升。

由此可见，这些在职场上取得成功的人，他们无一例外地有着专注工作的习惯，还把专注地工作看作自己的使命。小吕的成功就是依靠着这股对工作的专注以及对事业的认真与执着。

一只狗同时追赶几只兔子，必定一只也追不到。专于其心，一心一意，这意味着集中精力，注重目标唯一，不轻易被其他诱惑所动摇。若经常改换目标，或四面出击，往往不会有好结果。目标定了好多，什么都想做，什么都没做到最好，最终也就打造不出自己的核心竞争力。人的一生时间有限，精力有限，好钢要用在刀刃上。一个人不可能把所有的事情做到最好，但绝对有可能把其中的一件事做到最好。一生就做一件事，只要真正做好了，也就够了。任何一个大师级的人物，都只是自己那一个领域内的大师。术业有专攻，一个人应该把擅长的事做精、做细。

“惟精惟一”，一生做好一件事，就意味着集中精力发展，而不是多元化发展。很多人涉足很多领域，学习很多知识，其实内部很虚弱，每一项都没有很强的竞争力。专注于某一件事情，哪怕它很小，努力做得更好，总会有不寻常的收获。坚持登一座山峰的人，才有可能到达顶峰。一辈子坚持只做一件事的人，心无旁骛，才有可能成功，才有可能成为一个强者，一个佼佼者。

有些员工之所以会在工作中三心二意、不专注，多是因为对工作失去了激情，对未来很渺茫，对自己没信心。美国著名出版商乔治·W·齐兹曾说过：“我并不仅仅只做我分内的工作，而是努力去做我力所能及的一切工作，并且是一心一意地去做。我想让老板承认，我是一个比他想象中更加有用的人，只有这样，我才能够得到我想要的。”

不管我们是不是对自己的工作有兴趣，只要在岗位上一天，就要认真对待自己的工作，专注于自己的专业提升。要有明确的目标，才不会在浑浑噩噩中被淘汰。工作能满足我们生活所需，让我们的生活更加有意义。

作为上司或者老板，我们希望拥有做事专注、有责任心的员工。假如他能认真对待自己的工作，为公司创造了价值，我们自然会尊重他、提拔他。有时候，我们愿意为了留住人才，支付超额的薪水作为回报。

假如我们因为自己的工作太平庸而不甘心，就更要时刻督促自己，无论是什么工作都要尽全力去做。只要我们用心了，尽力了，晋升也就不在话下了。

假如我们真的专心工作了，并且小有成果，不管这个成果是大是小，上司都不会视而不见的。长此以往，我们给上司留下的印象就会越来越好。得到了上司的信任，工作中机会就会越来越多，随之而来的就是大好的发展空间。

就算我们在一个微不足道的岗位上，只要我们对工作专注，不断提高自己，我们依然会成为这个岗位上不可或缺的人才，当我们的价值变得不可替代后，我们所做的工作就不是微不足道的了。

要知道，我们在为企业工作的同时，也是在为自己工作。我在刚刚步入职场的时候，跟所有年轻人一样，只是为了养家糊口，顺便锻炼自己的意志。后来我发现，工作也没有我想的那么枯燥，当我全身心投入到工作中时，我感到非常愉快。每当接到新任务，我就像战场上的士兵，充满斗志。我一点点地开阔眼界，慢慢地磨合工作，塑造自己的职业品牌，一步步晋升到今天的职位。从某种意义上来说，是我的专注成就了我的今天。

有的人认为专注工作不就是要天天上班，不迟到早退吗？这样想就大错特错了，当我们把全部注意力投入到工作中，特别是我们兴趣所在时，我们会情不自禁地陷进去。当我们达到这种状态时，困难不再是困难，因为工作已经变成一种享受。

所以，最后请大家谨记：就算是1%的事情，也要投入100%的专注，这样，我们才能为自己的工作创造更大的价值。

4. 摆正心态，抱怨只会毁掉工作

很多公司的管理者对员工的抱怨感到十分困扰，我也不例外。我的一位管理层朋友对我说："许多员工总是在想着自己'要什么'，抱怨公司没有给自己什么，却没有认真反思自己所做的努力和付出够不够。"

对于管理者来说，牢骚和抱怨最致命的危害是滋生是非，影响公司的凝聚力，造成机构内部彼此猜疑，涣散团队士气，因此他们对公司中的"抱怨者"有着十二分的警惕。

我们公司2016年录取了10名应届毕业生。今年，为了在员工中树立榜样，激励其他员工的工作激情，领导层决定从中选出一名最优秀的员工，提拔为部门主管。经过观察考核，提拔了刘忠伟和孙智为部门副主管。

人事通知公布后，孙智觉得特别失望。休息时，我听到他和同事抱怨说："其实主管的位置应该是我的，现在的主管也并没有比我强多少啊。他能当上主管还不是因为会溜须拍马，恰好领导又喜欢拍马屁的人。既然我的才华被埋没了，那就拿多少钱干多少事儿呗。想让我给他打下手，做梦吧。"在后来的工作中，孙智表现得特别消极，凡事敷衍了事，还常常给主管甩脸色。

同样是被提拔为副主管，刘忠伟却十分开心。但是，他开心归开心，大脑还是非常清醒的。他知道自己的能力并没有特别出色，之所以会被提拔为副主管，只是因为上司欣赏他的踏实肯干、谦虚敬业。因此，他更加努力了，他觉得自己能做得更好。公司之所以没有提拔他为主管，是因为他和主管的能力还有一定的差距，在今后的工作中要多向主管学习，提高自己，缩小和主管的差距。

又过了半年，主管被晋升为分公司经理，临走前推荐刘忠伟接任主管的位置。而孙智，已经被公司解雇了。

其实，当时孙智也有机会成为部门主管。但是抱怨影响了他的工作热情。如果他像刘忠伟那样认识到自己的不足，并且不断学习，提升自己，也许今天的局面就不一样了。这恰恰说明，抱怨解决不了任何问题。只抱怨，不行动，成功永远不会眷顾你。

我在工作中，经常会听到员工们的抱怨，抱怨薪水低，抱怨福利太少，抱怨上司太严厉，抱怨工作环境太差，抱怨食堂伙食不好等。他们无时无刻不在抱怨，在上班时间，我很少在他们脸上看到笑容。但是他们不知道，抱怨作为一种负能量，不仅对改变现状毫无用处，还会影响更多的人，最终让自己进入一个死循环。

不只是我，我在和其他的公司老总交流时，也发现了同样的问题。每个公司多多少少都存在这样的员工，当自己的工作遇到了问题，他们总是第一时间抱怨工作怎么这么难，而不是先反省自己，尽快解决问题。

在职场中遇到问题，大家应该做的是要抛开抱怨的情绪，发挥主观能动性，解决问题。在正面情绪的引导下，在职场上更上一层楼。职场没有什么可抱怨的，职场不相信眼泪，当自己想抱怨的时候，请向前看看，不抱怨的人正在职场的道路上积极前行。

老郭是我们公司的老员工了，最近他心里非常郁闷，因为休息的时间太少了，工作任务多，工资不见涨，于是，他想找我理论。

去找我之前，他碰到了小王，非常气愤地跟小王抱怨说："我们虽然在打工，可我们也是人啊，天天加班，也不说发加班补助，也不说有奖金，谁受得了啊！不行，我今天必须得找陈总好好理论理论！"

于是刚刚到我办公室门口，老郭就气哼哼地对我的助理说：“我是老郭，我和陈总约好了现在见面的。”

助理说：“我知道，陈总开会前交代了我，不过陈总会还没开完，您不如先坐下休息一会儿。”

接着，助理把老郭带到会客室，让老郭坐下休息，她还问老郭：“郭老，您是喝茶还是喝饮料？”

老郭还是很恼火，他说：“我什么都不喝，喝不下！”

助理接着说：“陈总跟我交代了，如果您说要喝茶，就把他那盒收藏的大红袍拿出来泡给您喝。”

老郭不耐烦地说：“那行吧。”

没过多久，助理就把茶端过来了，还端了一盘点心：“郭老您慢用，陈总应该马上就回来了。”

老郭接过茶，愣住了，问助理：“陈总没弄错吧，我就是个普通员工啊？”老郭不敢相信我竟然会让他喝珍藏的好茶，还请他吃点心。

助理说：“当然啦，您是公司的老员工了，陈总说了，知道你们每天加班都很累，心里很不是滋味，希望您能好好放松一下。”

助理话还没说完，我就回来了，和老郭握了握手：“听说您有事儿找我，怎么了？”

老郭一时有些语塞：“没什么事儿，就是来跟你说一下项目进度。”也不知道为什么，当时老郭的火气没有那么大了。他还向我说出了自己的心里话。

职场中的矛盾都是可以调节的，大多数情况是因为员工的心态不好，或者和他人的沟通出现了误会，才会产生一些摩擦。假如仅仅是因为一些小事情就耿耿于怀，让自己不开心，让别人也不开心就不好了。其实，很多误会都是不值一提的小事，但是总有一些员工喜欢钻牛角尖，带着放大镜看问题，小事情就变成了大麻烦。正因为如此，员工们的抱怨情绪才会被无限放大，最后一发不可收拾。

还有不少人自命清高、眼高手低。他们动辄感到老板盘剥，自己是替别人卖命、打工，是别人赚钱的工具，因而在思想上产生了严重的抵触情绪，聪明才智没有用来思考如何十全十美地做好上级交给的工作，而是整日抱怨，把大好的光阴和大把精力白白浪费掉了。这一现象，在一些刚走出校园进入社会的人身上尤为突出。他们总对自己抱有很高的期望，认为以自己的学识和才干，应该从事些体面的工作，并得到重视。但事实上，刚刚跨入社会的年轻人由于缺乏工作经验，无法被委以重任，工作自然也不是他们想象得那样体面。然而，当老板要求他去做应该负责的工作时，他就开始抱怨起来："我被雇来不是要做这种活的。""为什么让我做而不是别人?"从而对工作丧失了起码的责任心，不愿意投入全部力量，敷衍塞责，得过且过，将工作做得粗陋不堪。长此以往，嘲弄、吹毛求疵、抱怨和批评的恶习就将他们卓越的才华和创造性的智慧悉数吞噬，使之根本无法独立工作，成为没有任何价值的员工。因此，一个人一旦被抱怨束缚，不尽心尽力工作而是应付工作，在任何公司里都是自毁前程。

职场一定是不完美的，如果只是因为心理上的不愉快就抱怨工作，这是非常不理智的。大家要学会欣赏他人，享受生活，学会发现身边的美。这样，大家的心情才会好，此时再回头想想自己当初的抱怨，是不是觉得很没意义呢?

抱怨是一种负能量，它会消磨掉我们原本积极的潜意识。哪怕这种抱怨的想法只是一点点，员工们也会放下手中的工作，投身到无尽的抱怨中，为自己打抱不平，为做不好的工作找借口。时间一长，员工的工作效率会越来越低。站在老板的角度，没有一家企业愿意听到自己的员工整天喋喋不休，公司办公室怨声载道。抱怨就像是办公室瘟疫，动摇军心，大伤元气。

提及抱怨与责任，有位企业领导者一针见血地指出："抱怨是失败的一个借口，是逃避责任的理由。这样的人没有胸怀，很难担当大任。仔细观察任何一个管理健全的机构，你会发现，没有人会因为喋喋不休的抱怨而获得奖励和提升。这是再自然不过的事了。船上的水手如果总不停地抱怨：这艘船怎么这么破，船上的环境太差了，食物简直难以下咽。这时，你认为这名水手的责任心会有多大？对工作会尽职尽责吗？假如你是船长，你是否敢让他做重要的工作？

如果你想改变不被老板赏识的现状，获得提升的机会，抱怨是无济于事的，相反，除非你消除了“抱怨”这种坏习惯，否则你的一生都不会真正成功。然而，要摒弃抱怨、不思改善的习惯，却不是件容易的事。你必须认真对待自己的工作，明确自己在工作中应负的责任。只有这样，你才能达到改善的目的，享受到成功的果实。这就好像你正住在一间简陋的破屋里，心中梦想着宽大而明亮的房子。要实现这个梦想，你首先应该以认真的态度对待它，不能应付，你要明白让生活变得更美好，是每个人不可推卸的责任，然后要做的就是努力通过实践，将这间小屋变成你心目中的房子。

抱怨的最大受害者是自己。要想远离抱怨，就必须在下决心停止抱怨的同时，对自身的责任有更高层次的认识。更高层次的认识会让你获得更高层次的动力驱使，使你能够从内部去观察，看到每项工作的本质。有些工作只从表面看，也许索然无味，一旦深入其中，你就会认识到其不同凡响的意义。当你从工作的平凡表象中洞悉其不平凡的本质后，你就会从抱怨的束缚中解脱出来，抱怨的心态也会烟消云散。

5. 忠于工作，不要总想着跳槽

任何人都必须忠于自己的工作，这是一个工作者应具有的基本品质。如果你对工作不忠实、不尽力，那就是贬损自己、轻视自己和糟蹋自己。同时，一个厌恶自己工作的人，也不会获得老板的青睐和事业上的成功。

曾经有一份英国报纸刊登了一则招聘教师的广告："工作很轻松，但要全心全意，尽职尽责。"简而言之，就是要忠于自己的工作，对工作要有责任心。不仅从事教师的工作应该如此，人们从事任何一项工作都应该尽心尽力地忠于自己的工作，这不仅是工作的原则，也是做人的原则之一。

我们在找工作的时候，人力资源主管一定会这样问你："你之前有相关的工作经验吗？为什么会从原来的公司离职呢？"对于这种问题，假如我们工作过的公司比较多，而且每份工作做的时间都不长，那么人力资源主管会认为我们是个没有长性的员工，他会对我们的工作能力产生怀疑。因为，在管理者眼里，工作换得太频繁，意味着我们可能是个没有耐心、缺乏恒心、责任心不够的人，而这一点，恰恰是所有企业都关注的。

郭伟和蔡静大学毕业后都到了我们公司工作，但是，由于没有工作经验，他们刚开始的工资待遇都不高。因此，郭伟和蔡静出现了不同的想法。

郭伟对蔡静说："我现在做这么多事情才拿这么点钱，又不让我跟项目，这样我还怎么有出头之日，还不如趁早给自己谋个出路。"

蔡静不太同意郭伟的想法，她说："我们刚毕业，又没有经验，这正好是一个学经验的机会啊，现在工作多难找啊。"不久之后，郭伟还是向经理递交了辞职报告，开始了自己的求职之路。

通过不断的学习和进步，蔡静已经熟悉了工作流程，把繁杂的工作安排得井井有条，很快，她的工作能力就凸显出来了，蔡静的变化，经理都看在眼里。于是，实习期还没结束，蔡静就转正了，公司还给她加了薪水。但是郭伟呢，还在不断地换工作，永远都在实习期，拿着基本工资。

像郭伟这样的员工，现在职场上并不少见，这山望着那山高，眼高手低。现在的职场竞争非常激烈，浮躁是每个员工的大忌。郭伟就是太浮躁了，对待工作缺乏恒心，不停地跳槽，工作技能也并没有得到提升，反而一直在原地踏步，要知道，他的每一份工作都是从零开始。但是蔡静的心态很好，她一直不断进步，最终获得了超强的工作能力。还是那句话，好工作需要脚踏实地干出来。

很多人工作一不如意就跳槽，人际关系不行也跳槽，看到待遇好的工作就更要跳槽，有时甚至没有任何原因也跳槽。在他们的眼里，下一个工作肯定比现在的好，一切的问题都可以用跳槽的方式解决，就这样不停地跳来跳去，结果就失去了自我，也失去了方向，甚至弄不清自己到底该干什么了，跳槽倒成了他的工作一样，最终还会栽倒在这跳来跳去上。

我的一位高中同学，大学毕业后参加工作已有 10 年了，这 10 年间，他在 4 个公司担任过部门经理。10 年的工作经验培养了他出色的工作能力和业务水平，但是他仍然没有在一个公司稳定下来，而是接连不断地寻找可以跳槽的公司。经过一段时间的面试应聘。一家大型公司觉得他确实不错，在最后一轮的面试中，人事经理问他为何跳槽如此频繁，他的跳槽原因当然有很多，但是有些不便讲明，于是他简单回答说："多数情况是公司的发展方向与我目标不符。"人事经理轻轻地说："那你怎么保证我们公司的发展方向和您的目标相一致呢？"

这回轮到我的这位同学无言以对了。

我曾经看到过一项针对世界企业家的调查，其中有个问题这样问道："您认为员工最应该具备的品质是什么？"90%的企业家选择了"忠诚"。员工缺乏忠诚度的一个很明显的标志就是频繁跳槽。一个对自己事业都不坚持的人，怎么让老板相信他能够认真对待工作？能够有高度的责任心？久而久之，这样的员工最终会被职场所淘汰。

要想成功，就一定要学会坚持，退缩并不会让你的境遇有多大的改变，只有面对问题，解决问题，才是最正确的方式，而不是遇到坎坷就想着换工作，谁知道换了新工作会不会遇到新问题呢？坚持是职场中的正能量，假如我们想在职场上有一番作为，最好的捷径就是坚持。好好把这份工作做好，只要我们拥有了难得的经验，看到了这个行业最本质的东西，那么我们的价值自然就凸显了。

小宁是我朋友公司的员工，朋友非常重视他，他一进公司就进入了最核心的项目组，参与了好多个重点项目的规划。正当他决定在公司大展拳脚时，他的一个提案和同事冲突了，那名同事讲话又很不客气，两个人就发生了一些冲突。小宁觉得同事是在欺负自己是个新人，于是一气之下就辞职了。

小宁辞职后又去了一家私企上班，刚进单位，他觉得那家单位也很不错，但是当他做了好几个提案都没有通过的时候，他觉得自己被歧视了，认为这家公司欣赏不了自己的才华，于是又选择了辞职。

老天爷仿佛十分眷顾他，没过几天，他又找到工作了，依然是一家私企，还是同样的工作，可是不出一个周，小宁感觉他现在的工作和所学专业不对口，又辞职了。

最后，他费了好大劲才在一家小企业里找到了工作，和原来的几家公司相比，环境差距太大了，但是受现实所迫，他只能先干着了。不过他还是抱着骑驴找马的心态，想进大企业。也许现在，他又辞职了吧。

像小宁这样不停地换工作，不停地跳槽，无疑是在自毁前程。现在的人才市场，大部分人受到过高等教育，并且有才华，但是依然得不到晋升，这是为什么呢？主要是因为他们不愿意反省自己，把自己的不受重视怪到外部环境上，一遇到不顺心的事就马上抱怨现在的公司，马上打算跳槽。

在人力资源经理眼中，大学毕业后第一个5年中出现跳槽经历的人根本不能为自己加分，即使被录用也只能当新手培训；毕业后干满5~6年，才能被列为初步有经验的人员，可以作为熟练人员录用，在一线独当一面。毕业后干8~9年的，才可以加不少分。毕业后5年内跳槽次数越多，往往使你已获取的工作经验贬值得越厉害，从而出现不是“报酬往高处走”，而是“报酬踏步不前”的状态。在别人每年都从业绩良好的公司里按部就班取得5%~15%的加薪时，你的踏步不前事实上就是“水往低处流”了。所以那些足够忠于工作、足够坚持的人，往往能获得更多的回报。

我有一个朋友是一家房地产公司的销售总监，刚入行时，他不过是个小小的推销员，而且他曾经三个月一套房子都没卖出去。他自己很着急，同事的业绩都比他强，很多人还劝他：“你性格太内向了，不太适合做销售，换份工作吧，说不定很快就飞黄腾达了。”但是他自己却不愿意放弃这份工作，他觉得自己找份工作确实不容易，频繁地换工作不但不利于自己的成长，还会给自己制造各种麻烦，他想了一段时间后还是打算坚持做下去。

过了两年，他们公司发生了一起重大事件。有一天，一位关系好的同事对他说：“我准备辞职了，有家房地产公司挖我过去，薪水是现在的两倍，不只是我，小刘、小天都准备去了。”

没过几天，对方公司也找到他，跟他聊了聊他的职业规划，想让他跳槽过去工作。他心想：“虽然我现在有些经验了，但是跟他们比还是太小儿科了，就算跳槽了也没什么发展前途。如果我留下来，竞争对手少了，刚好是表现自己的机会。说不定老板会更加信任我。”于是，他谢绝了对方公司的“邀请”。

果然不出他所料，“挖人事件”给公司造成了很大的影响，一时间人才极度缺乏，留下来的人马上都成了顶梁柱。已有两年工作经验的朋友立即脱颖而出，业绩随即突飞猛进，一举跃到了前列，最后当上了公司的营销副总。

从这件事上，他总结出了一个道理：盲目跳槽，只会丧失对供职单位的忠诚，而忠诚于公司，其实就是维护了自己过去创造的条件，从而获得了未来提升的机遇！

人在职途，频繁地更换工作岗位并不会给自己带来所期望的事业上迅速的收获。所谓“骐骥一跃，不能十步；驽马十驾，功在不舍”，坚持就是胜利，我们如果爱上自己的工作，在原来的行业上坚持下去，我们就可以成为行家里手，但如果只坚持了几天、几个月，当然是无法做到“水滴石穿、绳锯木断”，到达胜利的彼岸的。

第二章

爱岗敬业，踏实工作：可以不专业，不能不敬业

不管我们做什么样的工作，都要有踏实、敬业的工作态度。只有端正了自己的工作态度才能做好工作，做职场的主人。我们不能只看重薪水而忽略自己的责任，要把工作放在第一位，始终对工作付出百分百的热情，才能把工作做到最好。如果说卓越的能力让我们的职位越来越高，那么敬业精神就会让我们在职场上走得长久。

1. 赚多赚少，都得踏实干活

我经常跟我的员工说："不要老把赚多少钱挂在嘴边儿。不管赚多赚少，只要在上班，就得踏实干活儿。"我之所以对员工这么说，是因为我知道薪水只是工作价值的体现，是维持生计的一种手段，却不是工作的全部意义。当然了，员工们兢兢业业地工作固然是为了生活，但是比维持生活更有意义的，就是在工作之中发光发热，不断挖掘自己的潜能，最终实现自己的人生目标和人生价值。

对于我来说，我更喜欢那些拥有正能量的、愿意解决问题、迎难而上的员工，而不是那些只计较工资、一遇到什么不愉快就辞职走人的员工。因此，好工作不是找来的，而是脚踏实地干出来的。

我一个亲戚家的孩子就很让我欣赏。他叫梁辉，很踏实的一个小伙子，在一家保险公司当业务员。这份工作很多人都熟悉，几乎没有任何一个人会觉得做好这份工作很轻松。那会儿，梁辉刚从大学毕业，与他的同学比起来，他的工作并不尽如人意，工资很低，只有很少的保底，大多数是业绩工资，没有业绩几乎连饭都没得吃。很多同学都不看好他的工作，还劝他跳槽，几个和他一起来的同学都嫌这份工作薪水太低而离开了。

但梁辉没有离开，他认为在这样的工作中能够得到更有效的锻炼。所以，他很珍惜这样的机会，要在这样的工作中踏踏实实地提高自己的综合能力。他相信只要踏实努力，认真负责地把工作干好，工作一定会给他回报的。于是他沉下心来，认认真真地了解、熟悉公司的客户情况，分析哪

些人可以成为公司的客户。同时，也去比较分析其他同类公司的客户群体，并对公司业务了然于胸。在所有准备工作都做得差不多的时候，梁辉主动在社区里办起了“保险小常识”讲座，进行免费讲解。由于梁辉准备充分，他的讲座获得了很多社区居民的好评。同时，也使很多人记住了梁辉。慢慢地，有的居民意识到自己可以尝试着买一份保险，他们主动与梁辉联系。此后，梁辉的业务便有了起色，业绩逐渐好起来，被公司视为业务骨干加以栽培。

假如我们上班工作仅仅是为了薪水，那么我们不仅会失去很多工作乐趣，还会让生命变得单调乏味。但是，当我们把工作当成自己的事业，而不单单是为了赚钱，我们就会打开一个更广阔的世界。在这个世界里，我们为自己而奋斗，达成目标是我们全部的动力。

我小学时候的同学李然现在可谓功成名就，然而，在李然“成功企业家”的光环背后，谁知道他付出了多少汗水呢？十几年前，他还是个普通的采石场员工，但是现在他已经是一家大型建筑企业的总裁了。

有一年，一家电视台给李然做了一次专访，他在专访中说道：“我的家乡在西南部的一个小山村，非常落后，交通也不方便，由于家境困难，我小学还没毕业就辍学回家务农了。15 岁的时候，我跟着同村的哥哥、叔叔们出去打工。我没背景、没经验、没钱，只能靠自己，后来我费尽心思找到了一份采石场的工作。这份工作非常累，工资也低得可怜，勉强能维持我一个人的生活，但是我并没有因此而消极怠工。”

主持人问：“那后来条件有没有好一点呢？”

李然说：“过了一年，我又找了一份条件稍微好一点的工作，尽管如此，我一个月的工资也只有 700 块钱。这期间，我一边工作，一边寻找更好的机会。终于，功夫不负有心人，在朋友的介绍下，我去了一个建筑工地打工。我们上班的地方，条件非常艰苦，工资又少，但我觉得这不重要，我的目标并不是获得高薪。我在工地上，只要一有时间就看书，学一些管理的经验，还跟师傅学怎么开铲车、开挖掘机。差不多过了五六年吧，我就当上总工程师了，后来我自立门户，开了这家建筑公司。”

其实，很多人都非常好奇，同样都是打工的，为什么李然就能在十几年的时间里变身“成功企业家”？最后大家终于明白了李然成功的秘密。李然每得到一份新工作，或者得到一个新职位，他最关心的就是现在的工作跟之前的工作相比，能不能让自己进步，能不能让自己发展得更长远，薪水多少反而是他最不关心的事情。

每当李然到一个新环境里，他都把“成为同事里最优秀的那一个”当成工作目标。他从来不好高骛远，也不眼高手低，不抱怨工作累、薪水低，更不会因为不满意薪水而频繁地跳槽。他非常乐观，非常自信，他知道眼前的苦难只是暂时的，将来有广阔的天地等着他。因此，他的成功是必然的。

我记得最后，李然跟主持人说了这么一句话：“当我还是个小小的采石员时，我就下定决心一定要做出一番事业来，让我的老板主动给我升职加薪。我从来不计较薪水有多少，我只知道拼命工作，让我的工作产生的价值远远高于我的薪水。我正是凭借这一股能量的激励，才一步步走到了今天，建立了我的企业。”

我一直认为，一个以薪水为奋斗目标的员工，是一辈子都走不出平庸的，也不会有真正的成就感。李然的经历告诉我们，虽然薪水是工作的奋斗目标之一，但是在工作中收获的不仅仅是工资卡里的一串数字。假如一个员工努力上班的唯一理由只是多挣点钱，根本没想过自己的职业规划，那么，这样的员工不管是在生活上还是在职场上，都不会获得真正的成功。

因此，我建议大家首先树立一个正确的职业观——不要把薪水作为工作的唯一理由，不要为了钱而工作。因为薪水只是一种直接的工作报偿方式，也是最没有魅力的一种。谋生和充实人生是两种完全不同的概念，谋生是为了挣钱，而充实人生是为了让人生变得有意义。赚钱容易，但是想赚得一番事业就很难了。薪水是暂时的，发展才是长远的。

许多人在找工作的时候，第一个条件就是看薪水高低，把挣钱当成工作的唯一理由。薪水高低确实能体现一个员工的工作价值，是对员工的肯定，但是薪水并不是越高越好。大家应该把眼光放得更长远，把发展前景、升职空间、企业潜力等当作衡量一份工作的标准。我们要的不仅仅是薪水，更多的是一个发展的平台。

我的公司有个员工叫周峰，我之所以对这个员工印象这么深刻，是因为面试的时候他说了这样一番话："我在面试前对贵公司就有些了解了，我觉得贵公司的管理非常成熟，你们的管理经验和管理团队都让我很向往，我觉得，假如我能成为贵公司的一员，我一定能让自己迅速成长。"

我对他说："但是我们实习期的工资并不高，只有3000元，没有补贴和提成。你应聘的这个岗位比较特殊，转正后底薪1000元加业务提成。"当时这个薪资水平让很多应聘者望而却步，但是周峰决定坚持下去。他认为，在我们公司一定可以学到他想要的知识，这是花多少钱都买不到的。

加入我们公司后，周峰虚心向前辈请教，不放过每一个实践的机会。为了能迅速适应岗位，尽快出去跑业务，他全身心地投入到了新员工培训中。

不得不说，周峰的业绩十分突出，短短两年，他就坐上了营销总监的位置，他现在的薪水是他刚进入公司的十倍不止。

由周峰我想到了另一个人，我朋友公司的开发部员工胡平。胡平工作能力非常出色，总是能提前完成任务，并且得到领导的肯定，因此，我的朋友非常赏识他。

有一次，胡平开发了一款产品，刚刚上市就受到了消费者的热捧，朋友公司那一季度的收益非常可观。但是，公司赚钱后并没有给胡平发奖金，胡平也没有说什么。我还跟朋友开玩笑：“难道你就不怕人才流失了？”

没想到半年后，胡平又研发了一款新产品，有前一款“爆品”的铺垫，这款新产品一经上市就抢购一空。这一次，朋友给了胡平一笔非常可观的奖金。

我曾经在一次行业交流会上遇到了胡平，我问他：“你之前研发出来那么一款爆品，老板都没给你发奖金，你没想过跳槽吗？以你的成绩，肯定有很多公司抢着要你啊。”

胡平说：“我没有这么想过，薪水对我来说并没有那么重要。我之所以选择坚持，是因为我的公司给了我一个很好的发展平台，让我自由发挥。看着消费者使用我的产品，让我觉得我的付出有价值，这是多高的薪水都买不到的。”

西蒙·波伏娃曾说：“不可过分追逐金钱，金钱本身给你带来不了什么；追逐金钱，会给人一种为了活着而活着的感觉。为活着而活着是一种原始的生活，为真正的文明的现代人所不能容忍的。”我们常说“钱不是万能的，但是没有钱是万万不能的”，金钱固然重要，但不是生活的全部，我们需要在职场中实现自己的价值，这种价值是不能用金钱来衡量的。

工作绝不只是为了薪水，工作是人生的一种需要。像世界首富比尔·盖茨，到现在为止，他还是每天都在工作，难道他也是为了钱吗？显然不是，他的工作，正是他的享受，正是他的快乐根本。如果一个人为了薪水或是为了生活而工作，工作肯定毫无乐趣，这个人也会得过且过，消极被动。当工作成为一种负担，一个人也就难以在工作上取得什么成就。

成功人士会为自己的职业生涯寻找机会，而不是单纯地等待机会。他们会积极地开发一个项目，或想尽办法帮助别人，而不会去过多计较利益得失。伴随着你对公司对团队贡献的不断增加，相应的荣誉也会随之而来，你的未来就掌握在你自己的手上。

2. 像忠于爱情那样忠于你的工作

忠于工作就是对工作负责，是一种对职业的忠诚，是你承担某一责任或者从事某一职业所表现出的敬业精神和忠诚态度。

不久前，我与朋友小聚，朋友说："当老板真累啊，我不仅要提防竞争对手给我安插'间谍'，还得小心自己公司的'内奸'。"朋友说的没错，商场如战场，想在市场竞争中赢得一席之地，不用点手段怎么能行呢？同时，朋友的话也给我敲响了警钟，员工的忠诚度真的很重要。

客户部是我们公司非常重要的一个部门，有一天，客户经理李永清突然被要求待岗。待岗跟辞退差不多，只不过每个月公司象征性地发一点生活补贴。李永清的薪水本来就不高，每个月还要还房贷，现在被待岗，生活更是捉襟见肘。

待岗在家没几天，他就接到一个电话，电话里的人自称是我们公司的竞争对手，他希望李永清把目前手头的客户资料卖给他们，并透露点公司的机密。作为回报，他们会一次性支付给李永清20万，或者请李永清直接去他们公司任职副总。

第一次接到电话时，李永清毅然决然地拒绝了。第二次，对方将报酬提高到了50万，李永清还是拒绝了。

这时，对方说："你们公司都已经让你待岗了，也许没多久就要辞退你了，你难道不先给自己找好后路吗？"

李永清说："为公司保守机密是我做人的基本原则，就算我离开了这家公司，我也不会做这样的事情。请不要再打电话来了。”

对方第三次打电话来时，李永清正在四处筹钱还房贷，此时，对方已经把价码升到100万了，这对一个家徒四壁的人来说，简直就是天文数字。但是，李永清还是拒绝了。

最后，对方再也没有打电话来，似乎一切都过去了。没想到三天后，李永清接到复职通知，董事长亲手把聘书交到他手中——公司副总，主管服务部和市场部。

其实，那三个电话是董事长安排人事部打的，根本不是什么竞争对手。那就是一次管理层聘任前的考察而已。

在企业中，和能力相比，我更看重一个员工是否忠诚。忠诚是每一个员工都应该具有的品质。

有的员工不安心工作，朝三暮四，在我看来，不管他的能力有多突出，我都不会把重要的工作交给他。因为他缺乏对工作的忠诚。不能百分百对企业忠诚，企业又怎么去相信你、提拔你呢？

古人云：“江山易改，本性难移。”对员工来说，工作能力是可以提高的，但是内在品质却很难改变，因此，我在挑选员工时，会更青睐那些品德高尚的人。

小部分员工的能力和头脑，大部分员工的努力和忠诚，是企业可持续发展的两个重要因素。对企业来说，员工的能力是发展动力，员工的忠诚是生存根本。对我来说，找一个有能力的人很简单，但是要找一个有能力又死心塌地的人就难了。

我不得不说，现在的企业就是缺这种既忠心又死心塌地的员工。一个能力强的员工和一个忠诚的员工站在我面前，我一定会毫不犹豫地选择那位忠诚的员工。虽然他能力欠缺，但是他高尚的品格足以弥补这个缺点，高尚的品格可以督促他不断上进，不断完善自己，取得最后的成功。

我希望所有的员工都记住这样一句话，在老板心目中，最忠诚的就是最可靠的。在工作中，老板一旦发现我们不忠诚，就等于被老板判了“死刑”，也许有的老板会给我们一次机会，假如我们不好好珍惜这次机会，故伎重施，就算我们再有惊世之才，依然会被打入企业的“冷宫”，甚至被开除。

假如我们在日常工作中能做到忠于职守，忠于企业，这样的品德会给我们自己赢得良好的口碑。哪怕我们以后想要离开这个企业另谋高就，在找工作的时候，忠诚度依然会是我们强有力的竞争力。

马明伟是我朋友公司的工程师。他在我朋友公司就职以前，是一家小公司的技术员，这家小公司规模不大，效益也不是很好，在市场上并没有什么竞争力，当时的处境十分困难。

我的朋友听说马明伟的工作能力很强，就想把他收入麾下，于是他请马明伟吃了一次饭。席间，朋友说了自己的真实目的：“你们公司现在情况你也了解，你带着你现在的项目到我们公司来，我保证不会亏待你。”

马明伟向来是个温和的人，但是听到朋友这样说，他非常生气：“请您别再这样说了，我们公司现在虽然效益不好，但是出卖公司利益这种事我是绝对不会做的。”

朋友见气氛严肃了，明白他是认真的，就没再往下说，反而举杯敬了马明伟：“消消气，这件事就当我没说过，来，喝酒。”

两个月后，马明伟所在公司真的破产了，马明伟也因此失业了。就在他最失落的时候，突然接到一个电话，对方说收到他的简历，让他来面试。马明伟什么也没想，照着地址就去了。出乎他意料的是，这家公司的老板，就是我的朋友，那个让他携机密跳槽的人。让他更意外的是，朋友二话没说，就拿出就职合同给了他，职位是“技术部首席工程师”。

马明伟非常惊讶，问道：“您没跟我开玩笑吧，这么重要的职位，您交给我，真的放心吗?”朋友哈哈大笑：“我当然放心啦，因为我早就面试过你了，你专业过硬，这份工作你一定可以胜任，对企业忠诚这一点我更是非常欣赏，你就是我们公司要找的人。”

一个企业就像一台高速运转的机器，任何一个零件出现问题都有可能带来毁灭性的灾难和不可挽回的损失。如果我们不能忠诚敬业，守住自己的责任，那么，就很有可能给企业和自己造成巨大的损失。

麦克阿瑟将军说过这样的话：“士兵必须忠诚于统帅，这是义务。”无论是在硝烟弥漫的战场，还是在竞争激烈的公司，无论是在将军和士兵之间，还是在老板和员工之间，忠诚敬业是一面永不褪色的旗帜，每个团队、每个集体都是依靠它来生存和发展的。

因此，忠诚是一个优秀员工的立足之本。但是不可回避的一个事实是，并不是所有的公司员工都拥有忠诚的品质。每个老板希望所有的员工都对公司忠诚，但同时他也清楚要做到这一点是很难的。

在我当上副总之前，也是一名普通员工，很多时候，我不太理解领导的做法。然而，我现在成了领导，那时的困惑我已经明白了。企业的发展需要稳定的内部环境，那些能力突出、敢于冲锋陷阵的员工虽然能为企业创造效益，但是也会恃才傲物，这山望着那山高。他们的存在不利于企业的稳定发展。

那些一心一意为企业、忠于职守的员工，虽然能力上有不足，但是他们的忠诚是企业发展的一剂良药。可以说，任何一个企业都会选择那些忠诚的员工。假如我们能成为既有能力又忠诚的员工，那企业对我们来说就是最佳的发展平台，在企业获得一个光明的前途只是时间问题。

3. 始终把工作摆在第一位

几乎每天一到下班时间，我就会听到这样的对话：

员工A："终于下班了，等会儿我们一起出去吃个饭吧。"

员工B："唉，我工作还没做完呢。"

员工A："留着明天再来干呗，工作哪儿做得完啊，待会儿去晚了火锅店可又要排队了。"

员工B："说的也是，还是解决温饱要紧啊。"

我想起我刚参加工作时，有一天，老板把我叫到办公室对我说："给你个任务，你把这份资料拿去看一下，下周有个客户过来开会，你出个方案。"我拿着资料回到自己的座位立马开始工作，不知不觉就到了下班时间，这时有同事跟我说："我们晚上聚聚吧，叫上丹丹和阿飞，一起吃个饭。"

我看了看手头的文件，对他们说："算了，你们去吧，我还是先把工作做完比较好。"一连好几天，同事叫我出去我都拒绝了，熬了几个夜终于把方案完成了。

第二周开完会后，老板把我叫到办公室对我说："你的方案客户看了很满意，继续努力。"听到老板这句话，我觉得我再累都是值得的。

有位哲学家说："如果一个人能够把工作永远放在第一位，那么他的事业就成功了一半。"员工把工作放在第一位，证明工作对他来说是一件非常重要的事情，工作对他来说，本身就是一种享受，在享受工作的同时还能实现自己的价值。

据说，爱迪生每天在实验室工作多达十几个小时，为了做实验废寝忘食。在常人看来，这是非常辛苦的工作，但是他却说：“我从来没有工作过一天，每一天都是在快乐地享受着这种乐趣。”正是这种对工作的热情，让爱迪生在科学领域取得了傲人的成绩。

这个社会的竞争非常激烈，我们的目标都要通过努力工作来实现。只有把工作放在第一位，得到了上司和公司的认可，才能获得精神上和经济上的双重回报，并最终实现人生目标。这就是我们常说的敬业。敬业是一个人从事某种职业时必须具备的精神，敬业是优秀员工之所以成为优秀员工的一个重要方面，也是一个一般员工成长为优秀员工应具备的素质。敬业的员工，不是为了对老板有个交代，而是一个职业人应具备的职业道德。

在职场中奋斗的人们常常这样认为，工作就是为了养家糊口，这个想法大错特错，工作是实现自我价值的一种方式，而为我们提供工作机会的企业是我们大展拳脚的舞台。因此，把工作放在第一位，不仅是对企业的忠诚，更是对自己负责。每个企业都希望拥有这样的员工，把工作当生命一样去热爱的员工。

我周围有不少这样的员工，他们把工作放在第一位，把所有事情都做得尽善尽美。工作对他们而言并不是负担，而是一种肯定，无论什么样的工作，他们都欣然完成。

陈晓芬刚进我们公司的时候，还只是一个普通的员工，和其他同事一样，每天做着繁重的工作，工资也不高。但是她十分珍惜这个工作机会，每天午休的时候，别的同事都在自己的位置上睡觉，她却利用这段时间，读了很多关于人力资源管理的书籍。周末同事叫她一起出去放松一下，她也谢绝了，她把所有的零碎时间都拿来学习管理知识了。

刚开始上班时，陈晓芬对办公软件的操作不太熟悉，为此，她让同事教她操作。下班后同事们都去谈恋爱、娱乐了，只有她还在整理第二天要做的事情，她觉得应该先把工作做出成绩，再去想其他的事情。

慢慢地，陈晓芬的执着有了回报，她掌握了很多人力资源管理的知识，办公软件的操作也越来越顺手，领导逐渐发现她和别的员工不一样，于是把她转岗到人力资源部，成为公司的人事专员。

我听到过这样一种说法：工作不过是追求名利的一种手段，人生除了名利之外，还有很多值得追求的东西，至于工作就别太斤斤计较了。还有人说：天塌下来，个子高的顶，我们都是公司的小员工，没必要什么事情都揽在自己身上。

实际上，越是淡泊名利的人，越会认真工作；越是小员工，越要努力奋斗。在我们有限的生命里，工作占据我们大半生的时间，因此，工作的重要地位显而易见。

把工作放在第一位，是一种高度敬业的精神，敬业表面上看起来是有益于公司，但最终的受益者却是自己。当我们将敬业变成一种习惯时，就能从中学到更多的知识，积累更多的经验，就能从全身心投入工作的过程中找到快乐。

4. 对工作付出百分之百的热情

工作中我一直秉持的原则之一就是：始终对工作抱有热情。热情是我所有工作动力的来源，我能取得今天的成绩，和我热情的工作态度是分不开的。因此，我也经常告诉我的员工，工作要充满热情。因为有热情才能全心工作，有热情才能勇担责任。

陈轩原来是我团队的一名成员，现在已经辞职创业去了，不过我们还保持着联系。他的公司现在生意兴隆，员工对待工作的态度也十分积极。但是，公司当初并不是这样的情况。那时，他正处于艰难的创业初期，有的员工觉得未来很渺茫，有的员工甚至打算辞职。

有一天，他打电话给我，向我请教，我知道他的公司一定很有前途，他也很有能力，但是他缺乏的就是一种对事业的热情，对自己的信心。我对他说："你不妨改变一下你的作风，不要总是愁眉苦脸的，乐观一点，热情一点，哪怕自己没信心，在员工面前也要表现出热情满满的样子。"

从那以后，陈轩每天都是第一个到公司的，并微笑着和每一位员工打招呼。在工作的过程中，他调动浑身的积极性，不断改进工作方法，使工作效率大大提高。在他的影响下，公司的员工也充满斗志，废寝忘食，几乎没有早下班的。因为全体员工热情的态度，公司的效益越来越好，业务量逐渐大了起来。年底，他给每一个员工都发了个大红包。

每一个员工都应该学会热爱自己的工作，即使这份工作你不太喜欢，也要尽一切能力去转变心态，去热爱它，并凭借这种热爱去发掘内心蕴藏着的活力、热情和巨大的创造力。事实上，你对自己的工作越热爱，决心越大，工作效率就越高。当你抱有这样的热情时，上班就不再是一件苦差事，工作就变成了一种乐趣，就会有许多人愿意聘请你来做你更热爱的事。如果你对工作充满了热爱，你就会从中获得巨大的快乐。

热情是什么？热情是一种强劲的激动情绪，一种对人、事、物和信仰的强烈情感。它发自内心，又深入内心。它使一个人保持高度的自觉，使人把全身的每一个细胞都调动起来，完成他内心渴望完成的事业的一种勃发的精神状态。

人是很奇妙的，每个人内心都有热情，能感受强烈的情绪，这种内心的情感是驱动我们奋发进取、走向卓越、影响别人、成就自己的关键因素。凭借热情，我们可以释放出潜在的巨大能量，培养出坚强的个性；凭借热情，我们可以把枯燥无味的工作变得生动有趣，使自己充满活力，培养自己对事物的狂热追求；凭借热情，我们可以感染周围的同事，让他们理解你、支持你，拥有良好的人际关系；凭借热情，可以使原本平凡的你变得卓尔不群。

有热情才能勇担责任

美国著名励志大师拿破仑·希尔曾经说过：“一个人成功的因素有很多，但是排在这些因素榜首的就是热情。”热情可以让人浑身上下充满力量，热情还可以让我们的能力发挥得更彻底。

一天，我去拜访我的一个设计师朋友青青，她有一个自己的服装品牌。当我走进她的工作室时，我看到不少已经完成的实验作品，还有一部分半成品，一些衣服的边角材料凌乱地散落在地上。

青青穿着工作服，带着助手站在一个模特身边，说：“这是下个月要发给厂家的模板，我们看一下还有什么地方要修改的。”

青青仔细地观察着自己的作品，然后对助手说：“衣领太大了，裙子的下摆也不够飘逸。”说完就拿起针线修改起来。修改完之后她又说：“我觉得这里也不太好，腰带的颜色和衣服的颜色不太搭。”她又修改了一下。然后，她把台架转过来，继续专注地修正作品。

由于青青专注于工作，她的眼睛里流露出喜悦和满意的神情。就这样，几个小时过去了，其间她没有跟我说过一句话。最后，青青舒缓地呼出一口气，扔下针线。她转身的时候，看到了我，好像突然记起了什么：“哦，天哪！真对不起，我都忘了你今天下午要跟我谈事情，你知道我这个人一做起事情来就太忘我了。”

我当然知道，青青是太投入了，她忘记了一切，她把所有的注意力都放在工作上了。

这一次的拜访，给我带来了深刻的影响，我发现自己所缺少的正是青青对待工作的那种激情、专注和执着。

热情是一种工作态度，对于初出茅庐的大学生来说，他们觉得在职场中，学历和能力是最重要的。而站在老板的角度看，那只是短期的护身符。时间一长，如果他们对工作没有热情，就会逐渐失去对工作的兴趣，成绩也难有提高。而热情，是保持新鲜感的一剂良药，就算工作的时间再长，只要热情还在，就不会落后。

那么员工怎样才能释放热情呢？林欢的表现就为我们充分地诠释了这一点。

林欢是我的发小，他上大学时是校足球队队员，毕业时，球队老师对他说：“不管你以后从事什么工作，我都希望你保持在球队的热情。”

毕业后，林欢依然选择进入足球俱乐部踢球。在球场上，他就像一个战士，所向披靡。暴雨如注，他为了给球队赢得至关重要的一分，拼了命地在球场上奔跑，完全忘了草地很滑，会摔跤。第二天，球队老板狠狠地表扬了他，还给了他一笔奖金。

后来，林欢进入一家保险公司成为保险推销员。起初，他很不适应这份工作，一份保险都卖不出去。后来，经理对他说："你向客户介绍的时候，一点热情都没有，让人家怎么对你的产品感兴趣？"

听完经理的话，林欢决定改变自己的态度。有一天，一位客户向他咨询保险事宜，他鼓起全部热情向他推荐。那位客户显然是没见过如此热情的推销员，一直听林欢把话讲完，并最终购买了一份保险。在此后的工作中，林欢一直保持着这样的热情，最后成为一名非常优秀的保险大客户经理。

林欢在事业上的成就，与其说他有才华，不如说是他的热情促进了他的成功。凭借一股热情，他在绿茵场上克制对手；又凭借一股热情，他说服客户，最终收获了非凡的业绩。

当一个人对自己的工作充满热情，他就会全身心地投入到工作当中去。此时，他的创造力、主观能动性以及专注力都在最顶峰，有这样的热情，他就能把工作做好。

作为老板，我当然希望自己的员工充满对工作的热情，并且希望更多有热情的人加入我的团队。企业的发展离不开热情，一个对工作没有热情的人，是无法胜任任何工作的。

上个月，我们公司举行了一次客户答谢会，有一家杂志专门派了一位摄影师给我们董事长拍照。

摄影师非常专业，一会儿打灯光，一会儿让董事长调整姿势，一会儿又要董事长换位置。然而，这样一来，董事长助理有点不耐烦了。他对摄影师说："先生，麻烦你快一点，董事长接下来还有很重要的行程，时间来不及了。"

摄影师听完却依旧面不改色，丝毫没有被助理的话影响，直到宴会快结束了，他才拍出满意的照片。在这期间，董事长非常配合。

后来，有记者采访董事长："那位摄影师确实耽误了您很多时间，您为什么还一直容忍呢？"

董事长说：“我无法拒绝一位有热情、精益求精的人，他对自己的工作质量要求很高。如果他不能拍出令他满意的照片，他就会这样一直坚持下去的。他对工作的执着感动了我，我又怎会忍心拒绝他呢?”

对员工来说，热情就是事业成功的敲门砖，对工作充满热情，让自己的热情在工作中尽情燃烧，我们才能发现工作的乐趣与价值。想要让工作趋于完美，就应该尽全力发掘自己和工作之间的契合点，这样，我们才能把工作当成分内的事、当成乐趣，只有这样，我们才能一步一步向成功迈进。

5. 像蜜蜂一样兢兢业业

在职场上，存在这样一种奇怪的现象：

公司用业绩衡量员工能力，用薪水反映业绩情况。如果业绩不突出，员工则无法抱怨因自身能力产生的待遇。而对此，无论是新员工还是老员工，业绩不突出总有自己的理由。新员工认为是因为自己工作经验不够，老员工则认为是工作本身没有潜力，而这些因素几乎都是外在因素。那么，业绩的不突出真的都是外在因素决定的吗？

如果仔细分析我们就会发现，之所以业绩不佳，纯粹是因为自己，因为自己不够敬业，因为自己付出得不够多，因为自己没能把全部的精力都放在工作上。

我的一位网友余丹，小学毕业后被迫辍学，在乡下一家杂货店当小工。他并没有因为自己的工作卑微而敷衍了事，而是踏踏实实地做好自己手上的每一件事。除了完成送货工作外，他还悄悄观察老板怎样经营，学习做生意的本领，因为他总想：假如我也能有一家杂货店……

第二年，余丹向父亲借了五千块钱，以此做本钱，在自己家乡开了家小杂货店。余丹踏实认真的做事风格又一次发挥了优势。小店刚开始经营时困难重重，因为附近的居民都去固定的杂货店买东西，余丹只好一家一家登门送货，好不容易才争取到几家住户同意用他店里的东西。他知道，如果服务质量比不上别人，自己的杂货店就要关门，他只能认认真真来做，集所有的精力于服务上，兢兢业业地干。

为了多争取一个用户，他还会深夜冒雨把货品到乡亲家中。他的服务态度很快赢得了众多乡亲的赞许，业务逐渐开展起来了。

不久，余丹又开设了一个小加工厂，由于他处处留心，经营水平日渐高超。再加上他勤快能干，每天工作十六七个小时，克勤克俭，业务范围逐渐拓宽。此后，他又开办了一家食品厂。

成功后的余丹成了他家乡的传奇式人物。他成功的原因之一，正是余丹本人常常提及的“一勤天下无难事”的道理。余丹有一次在演讲时，谈到了他坎坷的经历。他说：“先天环境的好坏，并不足为奇，成功的关键完全在于你是不是认认真真地在做。”

古人说得好，三百六十行，行行出状元。每一份工作，都蕴藏着成功的机会，热爱工作就是拥抱成功的机会。不论这份工作在他人看来是多么不起眼，甚至不体面。

有时岗位可能与我们想象的有差距，原本是冲着那样的岗位进公司的，却被分配到了这样的岗位上。从公司的角度考虑，首先，让你做什么工作，是上司认为你适合去做；其次，是为了让你得到锻炼，进一步了解公司的文化和经营管理状况，这对于你日后成长为一名优秀的员工是大有好处的。任何岗位都是锻炼的机会。只有想到这个层次，你才会积极适应岗位，事实上，你对自己的工作越热爱，决心越大，工作效率就越高。当你抱有这样的热情工作时，上班就不再是一件苦差事，工作就变成了一种乐趣，就会有许多人愿意聘请你来做你热爱的事。如果你对工作充满了热爱，你就会从中获得巨大的快乐，就能兢兢业业地去努力，去付出，最终收获属于自己的成功。

第三章

自动自发，主动工作：像老板一样勤奋努力

在同一家公司中，有的人走向成功，而另一些人却终日碌碌无为。是什么原因导致如此大的差异？很简单，那就是积极的态度。想要比其他人更出色，就要比其他人更积极主动地工作。主动工作，也是提高个人责任的一个重要方面。

1. 勤奋努力就是工作职责

俗话说得好“一勤天下无难事”，勤奋是做好任何事的前提，勤能补拙，勤能益智，勤能生巧，勤能补一切不足，精一切技艺。我国最古老的历史文献《尚书》记载，周成王灭了淮夷，回到王都丰邑，在和群臣总结兴盛经验时，提出“功崇惟志，业广惟勤”。意思是功高出于有志，业大出于勤奋。勤奋努力，正是一切精湛技艺的源头，一切成功的前提。

我经常在我们公司开会的时候提到屠呦呦，她是我国第一位诺贝尔科学奖项的获得者，为了提取治疗疟疾的有效药物青蒿素，前后钻研了40年。她系统收集历代医籍、本草、地方药志和名老中医经验，汇集了2000多种方药，从药材筛选、有效成分提炼、临床实验、结晶获取、结构分析、人工合成直至新药研发，才找出了青蒿素。

任何人的成功都离不开勤奋，哪怕他拥有了能力、智慧、机遇和天赋。只有坚持不懈地付出努力，才是取得成功的不二法门。那些真正有所成就的人，都是勤劳、敬业的人。他们之所以能在自己平凡的岗位上创造辉煌，并不是说他们天生就比他人技高一筹或聪明一等，而是他们付出了比别人多得多的心血和汗水，从而写就了不朽与辉煌。

我们小时候都读过《卖油翁》的故事，卖油翁的精湛技艺没有任何诀窍，“但手熟尔”，也就是勤加练习而已。其实卖油翁的这句话，道出了工匠们技艺精湛的终极秘密：不是师傅传下的秘籍，也不是神秘得到的天书，而是一遍又遍的勤奋练习，一滴又一滴的辛勤汗水！所谓“台上一分钟，台下十年功”，所有精湛技艺的背后，都是勤奋的付出！

常常听到有人叹息自己天生笨拙，成不了大器。事实上，这世间不乏天资聪慧、绝顶聪明之人，但有天赋并不意味着一定能成功，倒是那些天赋一般却意志坚定之人，往往能通过后天的努力成为同辈中或行业中的佼佼者、领头人。因为他们知道一个道理，做事情首先要勤奋，只有勤奋才可以弥补天赋的不足。

离开了勤奋努力，再聪明的人也难以有所成就。方仲永就是一个例子。有一个天才儿童方仲永聪慧了得，不用人教自可读书作文，人人以为天下奇才。但是却因为其后耽于表现，不再努力，几年之后，即沦为平庸之人，再也看不出丝毫超常儿童的样子了。王安石深为可惜，发出感叹：再怎么天资聪明的孩子，离了后天的努力也成不了大才。

人生中任何一种成功都始于勤并且成于勤。勤奋是成功的根本，既是基础，也是秘诀。一个人要取得成功，唯一的捷径就是踏踏实实，摆脱浮躁的情绪，认真对待自己的工作。

命运掌握在勤勤恳恳工作的人手上，所谓的成功正是这些人的智慧和勤劳的结果。即使我们的智力比别人稍微差一些，我们的实干也会在日积月累中弥补这个弱势。

“宝剑锋从磨砺出，梅花香自苦寒来。”实际上，“磨砺”正是一把把传世名剑出世的关键。

中国古代的铸剑巨匠颇多，文献记载“黄帝作剑”（《孙膑兵法·势备》），是铸剑的始祖。《管子》又说“葛卢之山发而出水，金从之，蚩尤受而制之，以为剑铠矛戟。”春秋战国时期，良剑多出于吴越，因此铸剑巨匠也多出于此，欧冶子、干将、莫邪、风胡子等皆是，其记载见于《越绝书》《吴越春秋》以及后来的史籍。这些伟大的铸剑师铸出名剑的诀窍，就是一锤一锤不停地敲打，一次一次不断地煅烧，一点一点精心地打磨，如此循环反复。不断重复之后，一柄光彩灿然、毫光隐现、宝气森然的剑才会出世!

这让我想起我们公司销售部经理李坚。通常来说，做销售出身，有一个英俊的外貌和挺拔的身材，会更容易叩开客户的第一道防线。可是在公司里，李坚身高不足1.60米，相貌又一般，这些不足之处影响了他在客户心中的形象，他起初的推销业绩很不理想。李坚想：既然跟别人相比，我的确存在一些劣势，那就让勤奋来弥补它们吧。

为了实现得第一的梦想，李坚全力以赴地工作。早晨5点钟睁开眼后，立刻开始一天的活动：6点半开始准备当天所用资料和进行妆容修饰；7点钟吃早饭，与妻子商谈工作；8点钟到公司去上班；9点钟出去推销；下午6点钟下班之前给客户打电话，确定访问时间；晚上8点钟开始读书、反省，安排新方案；11点钟准时就寝。这就是他最典型的一天的生活，从早到晚一刻不闲地工作，把该做的事及时做完，从而摘取了公司“销售之王”的桂冠。而许多队员也是跟他合作之后，才知道“销售之王”的称号是他通过辛勤的付出才得到的。因此，跟他一起合作的队员，先后涌现了一批精英，目前分散在各个部门，给团队其他人起到了先锋模范作用，鼓励更多的人通过自身的努力和勤奋，一步一步登上自己的塔尖，去瞭望这个世界。

我想跟大家说：身为下属，工作量大，任务繁重，要给上司留下比较良好的印象，干工作就要兢兢业业、一丝不苟。要舍得多下功夫，辛勤工作，让自己所在的企业或部门，多出成绩，出大成绩，多出能让企业效益提升的成绩。有些员工通常只会说话不做实事，同那些“少说多做”的实干家相比，在竞争中更容易失败。

只有替公司着想的人，公司才会愿意替他着想，让他生活便利、家庭无忧，从而公司创造更多价值。我们所说的兢兢业业、勤勤恳恳，不是一个月两个月，一年两年，而是在其位，谋其事，在工作岗位上的所有时间，都勤奋、敬业。周华健的一句歌词写得非常好：没有人能随随便便成功。所有我们想要得到的，都需要靠自己勤奋的双手去创造，才有机会得到我们想得到的生活。

在日本，有个非常出名的销售人员，名字叫作原一平。在一次大型演讲会上，台下数千人静静等待着他的到来，想听他的成功秘诀。等了10分钟，原一平终于来了。他走向讲台，坐在椅子上一句话也不说，半个小时后，有人等不住了，陆陆续续离开会场。1个小时后，原一平仍然一句话也不说，这时，会场上大部分人都走了，最后只留下十几个人。这时，原一平说话了，他说："你们是一群忍耐力最好的人，我要向你们分享我成功的秘诀，但又不能在这里，要去我住的宾馆。"于是十几个人都跟着原一平去了，到了原一平房间后，他脱掉外套，脱掉鞋子，坐在床上，把袜子脱了，然后把脚板亮给那十几个人看。大家看到原一平双脚布满了老茧。原一平说："这是我成功的秘诀，我的成功是我勤奋跑出来的。"

要想在这个时代脱颖而出，你就必须付出比以往任何时代更多的勤奋和努力，否则就只能由平凡沦为平庸，最后变成一个毫无价值的人。在我们的生活中，经常会出现一种扎堆现象，那就是，能力越强的人，他的朋友都是能力强的人。反之，对待事物越消极、越悲观的人，往往是和一群相同的人在一起做朋友。如果你还不知道你到底是不是属于勤奋的那一类人，就请看看你身边的朋友，他们往往就是你自己的一面镜子。

我在李坚的办公室内，看到他妻子为他绣制的十字绣：天道酬勤。有多少付出，就有多少收获。我在他的办公桌上，看到他为了解一个客户所做的努力，资料整理了满满一个文件夹。也许客户对自己的了解，还不如李坚对他的了解。想要最后轻轻松松拿下订单，得花费多少时间和精力去提前做这些准备工作？勤奋的李坚做到了，所以他成功了。

一位哲人说过："世界上能登上金字塔顶的生物只有两种：一种是鹰，一种是蜗牛。不管是天资奇佳的鹰，还是资质平庸的蜗牛，能登上塔尖，极目四望，俯视万里，都离不开两个字——勤奋。"

一个人的进取与成才，环境、机遇、天赋、学识等外部因素固然重要，但更重要的是依赖于自身的勤奋与努力。缺少勤奋，哪怕是天资奇佳的雄鹰也只能空振双翅；有了勤奋，哪怕是行动迟缓的蜗牛也能雄踞塔顶。事业上的成功不单纯靠能力和智慧，更要靠每一位员工的忠诚、敬业和勤奋。

记住：只有坚持不懈的努力，不怕付出的勤奋，才是取得成功的不二法门！

2. 职场上永远没有“分外”的工作

职场中没有“分外”的工作，要想登上成功之梯，你必须永远保持主动率先的精神。分外的工作可以使你对本行业拥有一种宽广的眼界，与此同时获得更多的机会。要知道，做超过别人所期望你做的，会使自己更容易如愿以偿。所有事业成功的人和工作平庸的人之间最本质的差别在于，事业成功的人将工作当作一种储备，多多益善，而工作平庸的人则生怕多做一点，对分外的事情置若罔闻。工作时，要主动去做一些分外的事，并在做事时认真负责，尽量让自己表现得出色一些。这对将来的发展能起到一定的帮助作用。

曾艳梅刚进入我们公司时，是办公室的文员。她的工作内容就是每天拆阅、分类大量的公司信件，工作内容不仅有些单调，而且工资也不高。但是这位女孩却并没有因为工作单调而放弃进取，她不但认真地对待每一份文件，把本职工作做得无可挑剔，而且每天下班后都要继续留在办公室里加班，做那些并非自己职责内的事——诸如替上司整理文件，把一些资料归档并建立电子信息等。

老板每天要处理很多的事情，所以他需要掌握足够多的信息资料。为了把那些他需要的文件整理好，曾艳梅尽可能地充分想到公司需要的最新资料和信息，而且她还要站在公司的立场认真考虑每一件工作的处理方式。她一直坚持这样做事，并不在意她的上司——公司老板有没有注意到自己的努力。后来公司的秘书走了，在选拔新任秘书的时候，我们很自然地想到了这个女孩子，因为她一直在默默地担当着秘书的这个角色。

然而，曾艳梅并没有因为自己得到了提升而停止自己的努力，她依旧下班后经常加班，努力地把每一个细节都替公司考虑好，她习惯了站在公司的角度上去考虑问题，她这样做的结果是，公司的领导很快就注意到了她，不久她就晋升到了办公室主任的职位。

后来，这个女孩子的卓越能力得到猎头的关注，猎头纷纷为她提供更好的职位，并诚邀她加盟。为了挽留她，我们多次为她加薪水，与最初做一名普通办公室文员相比已经增加了十几倍。为此，我们并不感到自己付出的薪金太高，因为这个女孩子总是从公司的角度出发去思考问题，让自己一直处在被别人需要的状态，使公司感到她不可或缺，她也为公司创造了更多的价值。

对员工而言，工作好像有分内分外之别，但在老板看来，工作从来没这种差别。分外的工作也是工作，只要努力去做，自然会有更高的回报。当然，你所得到的不仅仅是老板给你加薪那样简单的回报。在工作中，不妨多做一些分外事。这无论是对自己还是对企业，都是值得付出的。

关于分内工作与分外工作的界定，一般人会认为，上班干活是分内工作，下班以后的事情是分外工作，上班时的分内工作应该做好，下班后的分外工作可做可不做，如果要做，也可以马马虎虎交付工作任务。而作为一名卓越员工，只要与工作相关，只要事关公司利益，无论是分内的还是分外的工作，都会努力做好。

社会在进步，公司在扩展，个人的职责范围也会跟着扩大。不要总拿"这不是我职责内的工作"为由来推脱责任。当额外的工作分摊到你头上时，这也可能是一种机遇。

真正具有责任感的人，会自觉消除分内分外的界限，一个优秀的工作者是从以下五个方面来体现主动性的：

（1）承担自己工作以外的责任。

（2）为同事和集体做更多的努力。

（3）能够坚持自己的想法或项目，并很好地完成它。

（4）愿意承担一些个人风险来接受新任务。

（5）他们总站在核心路线旁。

以上五个方面，有三个方面表明优秀的工作者必定要承担更多的责任。承担更多的责任，就意味着承担起分外的责任和面临着更多的风险，这是负责的延伸和升华。其实，真正有责任心的人，从不以个人得失为工作的出发点，他们乐意为同事提供帮助，乐意接受新任务，因为他们信奉的宗旨是："对同事负责就是对自己负责，对公司负责就是对自己负责。"所以他们心中根本不存在分内分外的界限，只要是对公司有益的事，就负有不可推卸的责任，就应该积极主动地去做。

我们的工作没有分内分外，我们的部门绝不允许扯皮现象，我们的员工必须是精兵强将，我们的组长、班长、办公室主任、经理，都是行家里手。光说不练的人，在我们这里一天也混不下去。无论何时，做好工作都是对工作的一种态度。消极怠工，在公司里是做不下去的。态度决定一切，不愿意多做一点的人，最终也会为自己的行为埋单。

一个主动承担分外工作的员工，对于老板来说，是最值得信任和培养的员工，因为他能够为企业创造出更多的价值。对于员工个人来说，也同样是一件好事，因为主动承担能够为自身赢得更多的机会。一个在今天努力工作的人，才可能在明天登上成功的舞台。

公司的核心路线是为获得收益和取得市场成功，工作人员首先必须踏上这条路线，然后才能为公司做出贡献，公司也会愿意为这样的人才付出同等或者更多的报酬以感谢他为公司的付出。

3. 主动，主动，还是主动

比尔·盖茨说过：一个好员工，应该是一个积极主动去做事，积极主动去提高自身技能的人。这样的员工自动自发，主动自觉，从不需要老板交代；他们不会等事做，而是找事做；他们要做就做到最好，比老板想象的还要好；无论从事哪种工作，不需要任何人的管理和监控，都会主动自发出色地完成任务。这样的员工，当然是最受企业青睐的员工，最容易成功的员工。

小张是我们分公司的一名员工，他生活在一个工薪阶层的家庭中，因为兄弟姐妹比较多，他刚刚高中毕业，便不得不放弃上大学的机会，到一家百货公司去打工。但是，他不甘心就这样工作下去，于是每天都在工作中不断学习，想办法充实自己，努力改变自己工作的境况。

经过几个星期的仔细观察后，他注意到主管每次总要认真检查那些进口的商品账单。由于那些账单用的都是法文和德文，他便开始在每天上班的时候仔细研究那些账单，并努力钻研学习与这些商务有关的法文和德文。

有一天，他看到主管十分疲惫和厌倦。看到这种情况，他就主动要求帮助主管检查。由于他干得太出色了，以后的账单自然就由他接手了。

过了两个月，他被叫到一间办公室里接受一个部门经理的面试。所在部门的经理年纪比较大，他说："我在这个行业里干了40年，根据我的观察，你是唯一一个每天都在要求自己不断进步、不断在工作中改变自己以适应工作要求的人。从这个公司成立开始，我一直在从事外贸这项工作，也一直想物色一个像你这样的助手。因为这项工作所涉及的面太广，工作比较繁杂，需要的知识也很庞杂，对工作的适应能力要求也特别高。公司选择了你，认为你是一个十分合适的人选，我相信公司的选择没有错。”

尽管小张对这项业务一窍不通，但是，他凭着对工作不断钻研、学习的精神，让自己的能力不断地提高。半年后，他已经完全能够胜任这项工作。一年后，他成功通过了总公司的考核，接替了那位经理的工作，成了这个部门的经理。

职场中有一些人只有被人从后面催促，才会去做他应该做的事。这种人大半辈子都在辛苦地工作，却得不到提拔。反之，在工作中抱着积极主动的态度，努力改进自己的工作，驱策自己不断前进的人，会使自己从激烈的竞争中脱颖而出。

美国有一句谚语：“通往失败的路上，处处都是错失的机会，坐待幸运从前门进来的人，往往忽略了从后门进入的机会。”只有对工作勇于负责，每天自动自发、自觉自愿地将工作干好，每天都使自己有所创新、有所进步的人，才能够成为一名卓越的员工。

然而不幸的是，我们大多数人的弊病是，容易养成被动工作的习惯，不但不会主动去做老板没有交代的工作，甚至老板交代的工作也要一再督促才能勉强做好。这种被动的态度自然会导致一个人的积极性和工作效率下降。久而久之，即使是被交代甚至是一再交代的工作也未必能做好，因为他习惯于想方设法去拖延、敷衍。

在我们的周围，有些工作是每个人都不想做的“讨厌的工作”，大家对这样的“苦差事”都持唯恐避之不及的态度。在这种情况下，如果你主动去做这些没有人愿意做的工作会如何呢？那样你不但能赢得同事的尊敬，更能够得到老板的认同和赏识。

小刘刚进我们公司时，只是分公司的普通职员。平时的工作只是收发、转送领导文件。当公司出现一些无人料理的事情时，别的同事都为能少做就少做而推来推去，而小刘就像一颗螺丝钉一样赶快补上，不多久一份工作就漂亮地完成了。从此“小刘，你见一下那个客户”“小刘，你去做那件事情”的指派越来越多。

小刘从未觉得自己是个被人支来支去的“小跑堂”。虽然杂事很多，但是得到锻炼的机会也多，比如叫他去接触传媒，联系公司的广告业务，参与广告文案的写作，选择适合的传播渠道等，都是给了他一个充电和学习的机会。

一直在暗中观察员工表现的部门经理注意到了小刘的表现。从此小刘工作更忙了，但是忙的却是一些更重要的事情了，比如接待公司的一些重要客户，部门经理都会带上小刘一起去。终于有一天我们总公司要准备“上市”了，需要把公司彻底包装成一家公众公司，拟一份招股说明书，集团董事会希望分公司能安排优秀员工来协助总公司工作，分公司就把小刘推荐了上来。而小刘也确实在岗位上做好了准备，协助管理层完成公司历史上质的飞跃。

小刘不负众望，漂亮地完成了自己的工作任务，顺理成章地成为公司董事会的秘书人员之一。现在，他又跃升至公司管理层高级管理人员，并且成为资本运营方面独当一面的大将。

有一位著名的企业家在谈到他手下员工一个一个成长为公司的顶梁柱时，总结出一个重要的成功秘诀：主动、主动、还是主动！

主动去做分外的工作，主动去做别人不愿意做的工作，主动去做平凡普通的工作，主动去做“吃力不讨好”的工作，主动去做没有人注意到的工作，主动去帮助他人，主动去为公司献策，主动去为老板分忧……当你自动自发、积极主动地去为企业做任何事情的时候，你的好运就会不期而来，你的成功肯定不可阻挡！

4. 找事做，而不是等事做

在现代社会，虽然听命行事的能力相当重要，但个人的主动进取精神更应受到重视。许多公司都努力把自己的员工培养成主动工作的人。所谓主动工作，就是没有人要求你、强迫你，你却能自觉而且出色地做好需要做的事情。

美国著名励志大师鲍伯·尼尔森在他那篇著名的《企业对员工的终极期望》一文中这样说道：

“亲爱的员工，我们之所以聘用你，是因为你能满足我们一些紧迫的需求。如果没有你也能顺利满足要求，我们就不必费这个劲了。但是，我们深信需要一个拥有你那样的技能和经验的人，并且认为你正是帮助我们实现目标的最佳人选。于是，我们给了你这个职位，而你欣然接受了。谢谢！

在你任职期间，你会被要求做许多事情：一般性的职责，特别的任务，团队和个人项目。你会有很多机会超越他人，显示你的优秀，并向我们证明当初聘用你的决定是多么明智。然而，有一项最重要的职责，或许你的上司永远都会对你秘而不宣，但你自己要始终牢牢地记在心里，那就是企业对你的终极期望——永远做非常需要做的事，而不必等待别人要求你去做。”

任何老板都希望自己公司的员工有一种主动精神，那些能沉浸在工作状态中、独立自主地把事情做好的员工——无论他们的背景、训练或技能如何——无疑都将会成为老板最需要的人。

肖凡是我一位朋友的公司的市场部经理，在开拓市场方面他一直有自己独特的方式，公司的新产品因为他销售战术的独树一帜而逐一打入市场。有一次，策划部小刘开玩笑说：“肖经理，你要再这么能干，干脆把我们策划部也归到你旗下得了！”大家哈哈一笑了事。说者无心，听者有意。肖凡倒不是要大包大揽，而是想到市场跟策划本身就不可分割。自己一次次地开拓市场本身也是公关策划活动，自己要是在策划这方面稍微留心，也许能在市场开拓中大有裨益呢。说干就干，他从图书馆借来相关书籍，一边看一边在现实工作中应用并寻求验证。理论与实践的结合帮他更快地深入了这一行，而这一切他做得不动声色。

在一次新产品上市研讨会上，策划部经理和大多数人的意见相左。老板也觉得他有些偏激，就批评了他两句没想到他竟然一气之下辞职走人。大家被晾在会议室面面相觑，老板也很生气。可是产品上市迫在眉睫，到哪里去现抓一个策划部经理呢？这时，肖凡站起来走到演示板前说：“或许，我可以试试。可能我的创意不是特别好，仅供大家参考吧！”包括老板在内的所有人都愣了，你一个市场部经理能拿出什么好的创意呢？但情急之下也只能病急乱投医了，于是老板让他说说自己的想法。肖凡拿着笔在演示板上把自己的想法和盘托出，很快就把同事们吸引住了。事实证明，他的创意不但得到了公司的认可，更为产品的销路打开了通道。产品发布会之后，肖凡被提升为市场策划总监。同事们都以为他是“创意偶得之”，只有他自己知道这是早有准备的结果。

成功的人很早就明白，什么事情都要自己主动争取，并且要为自己的行为负责。没有人能保证你成功，只有你自己；也没有人能阻挠你成功，只有你自己。

许多企业都努力把自己的员工培养成对待工作率先主动的人。工作率先主动的员工，会勇于负责，有独立思考能力，不会像机器一样，别人吩咐做什么他就做什么。他们往往会发挥创意，出色地完成任务。而不能自动自发工作的员工，则墨守成规、害怕犯错，凡事只求忠诚企业规则。他们会告诉自己，领导没有让我做的事，我又何必插手呢？又没有额外的奖励！这两种不同的想法会明显地导致不同的工作表现。

率先主动的人不仅会圆满地完成自己的任务，还会忠心耿耿地为领导考虑，给他提尽可能多的建议和信息，他们也会因此得到赏识和提升。比别人多努力一些，就会拥有更多的机会。

如果你想获得更多的报酬，得到更大的发展空间，你就必须永远保持主动率先的精神，即使面对缺乏挑战或毫无乐趣的工作。当你养成了这种主动工作的习惯之后，你就可以用行动证明自己是一个勇于承担责任、值得信赖的人，一个有可能成为企业家和管理者的人。

一个来自偏远山区的打工妹，由于没有什么特殊技能，于是选择了餐馆服务员这个职业。在常人看来，这是一个不需要什么技能的职业，只要招待好客人就可以了。许多人已经从事这个职业多年了，但很少有人会认真投入到这个工作，因为这看起来实在没有什么需要投入的。

这个小姑娘恰恰相反，她从一开始就表现出了极大的耐心，并且彻底将自己投入到工作之中。一段时间以后，她不但能熟悉常来的客人，而且掌握了他们的口味，只要客人光顾，她总是千方百计地使他们高兴而来，满意而去。她不但赢得了顾客的交口称赞，也为饭店增加了收益——她总是能够使顾客多点一两道菜，并且在别的服务员只能照顾一桌客人的时候，她却能够独自招待几桌的客人。

就在老板逐渐认识到其才能，准备提拔她做店内主管的时候，她却婉言谢绝了这个任命。原来，一位投资餐饮业的顾客看中了她的才干，准备与她合作，资金完全由对方投入，她负责管理和员工培训，并且能够得到新店25%的股份。而现在，她通过自己的努力，已经成为一家大型餐饮企业的老板。

一个普通的餐馆服务员之所以能够脱颖而出，关键在于她充分发挥了自己的积极性与主动性。在本职工作之外，她思考更多的是如何完善服务和实现服务的突破，而不是只做一些老板交代的事。相比那些只知道招呼客人的服务员而言，她的积极和主动无疑是使自己获得发展机遇的最大因素。

现代社会，激烈的竞争环境呈现出越来越多的变数，在快节奏的商战中，即便能力再强的老板也不可能面面俱到。因此，任何一个公司都需要主动做事的员工，而那些事事等待老板吩咐的员工，就好像站在危险的流沙上，早晚会被淘汰。

主动找事做，而非等事做，是一种工作态度，也是一种事业追求。只有拥有强烈的事业心和责任心的人，才能充分发挥个人的主观能动性，去积极追求、积极探索，从而超越自我、实现自我。

5. 站好岗位，绝不仅仅满足于合格

不要满足于尚可的工作表现，要做得更好，你才能成为不可或缺的人物。现在企业中，普遍存在着这样一种人，他们认为自己什么都做了。当任务完成得不理想时，他们习惯说："我已经做得够好了。"工作中习惯于说自己"做得够好了"的人，不但是对工作的不负责任，也是对自己的不负责任。每个人的身上都蕴含着非常大的潜能，如果你能在心中给自己定一个较高的标准，激励自己不断超越自我，那么你就能摆脱平庸，走向卓越。

跟我们一起合作的建筑公司的设计师小赵，常常要跑工地、看现场，还要为不同的老板修改工程细节，异常辛苦，但她仍认认真真地去做，毫无怨言，她给自己立下了一条规则——"要做就做好，否则就不做。"

有一次，她的老板安排她为客户做一个设计方案，时间只有三天。接到任务后，小赵看完现场，就开始工作了。三天时间里，她都在一种异常兴奋的状态下度过。她食不甘味，寝不安席，满脑子都想着如何把这个方案做好。她到处查资料，虚心向别人请教。三天后，她把设计方案交给了老板，得到了老板的肯定。因工作认真，现在小赵已是公司里的红人了。老板不但提升了她，还把她的薪水翻了三倍。

后来，老板告诉她："我知道给你的时间很紧张，但我们必须尽快把设计方案做出来。如果当初你因此推掉这个工作，我可能会把你辞掉。但是你表现得非常出色，我最欣赏你这样工作认真的人！"

任何一个老板都希望自己能拥有更多优秀的员工，而很少有老板能忍受那些表现平平却自以为是的员工。在工作中，老板根据员工在平时工作中的表现决定给谁升职或者加薪。因此，如果你想使自己在工作中不断升值，首先要放弃的是“拿多少钱，做多少事”的想法。这个道理很简单，你觉得自己只拿了1000元的工资，便只做1000元的事，反过来，你的老板则会因你只是在做着1000元的事，而只给你1000元钱的工资。促成这种平庸“交易”的最大原因，便是你没有给你的老板提供为你加薪和升职的理由。但你若拿1000元的工资，做了10000元的事，那情况自然会有很大的不同。

彼得现在是一家公司的老板，以前他只是一个普通的推销员。

他奋起的原因是他在一本书上看到的一句话：每个人拥有的能力远远超出自己想象。在这句话的激励下，他反省自己的工作方式和态度，发现自己错过了许多可以和顾客成交的机会。于是，他制定了严格的行动计划，并付诸每一天的工作当中。两个月后，他回过头看看自己的进展，发现业绩已经增加了两倍。

数年以后，他已经拥有了自己的公司，在更大的舞台上检验着这句话。

每个人的潜力都是无穷的，如果你现在仍觉得自己表现平平，你的潜力一定还没有得到很好的挖掘。如果你满足自己在工作中尚可的表现，你也只能落入平庸者之列。事实上，面对激烈的竞争，即使甘于平庸，也不一定能获取平庸所需的安逸。

我再来讲一个故事：

很久很久之前，一位地主要出门远行，临行前他把下人们叫到一起并把财产委托他们保管。依据他们每个人的能力，他给了第一个下人十两银子，第二个下人五两银子，第三个下人二两银子。拿到十两银子的下人把它用于经商并且赚到了十两银子。同样，拿到五两银子的下人也赚到了五两银子。但是拿到二两银子的下人却把它埋在了土里。

很长一段时间之后，他们的主人回来与他们结算。拿到十两银子的下人带着另外十两银子来了。主人说："做得好！你是一个对很多事情充满自信的人。我会让你掌管更多的事情。现在就去享受你的奖赏吧。"

同样，拿到五两银子的下人带着他另外的五两银子来了。主人说："做得好！你是一个对一些事情充满自信的人。我会让你掌管很多事情。现在就去享受你的奖赏吧。"

最后拿到二两银子的下人来了，他说："主人，我知道你想成为一个强人，收获没有播种的土地，收割没有撒种的土地。我很害怕，于是把钱埋在了地下。"主人回答道："又懒又缺德的人，你既然知道我想收获没有播种的土地，收割没有撒种的土地，那么你就应该把钱存到银行家那里，以便我回来时能拿到我的那份利息，然后再把它给有十两银子的人。我要把银子给那些已经拥有很多的人，使他们变得更富有：而对于那些一无所有的人，甚至他们有的也会被剥夺。"

这个下人原以为自己会得到主人的赞赏，因为他没丢失主人给的那二两银子。在他看来，虽然没有使金钱增值，但也没丢失，就算是完成主人交代的任务了。然而他的主人却不这么认为。他不想让自己的下人只会没有出息地按要求行事，而是希望他们能主动些，变得更杰出些。

满足自己的尚可表现，是你通向卓越的最大障碍。事物永远没有"够好"的时候，只有把它"做到最好"才能真正成功。无论客户、上司还是老板，真正存心挑剔你的时候并不多，他们提出的要求，大多迫于某种正当的需要。上司怕工作质量影响业绩，老板则更是迫于市场的巨大压力而鼓励员工不断上进。因为他们无法对市场说"我已经做得够好的了"，因此也希望你不要对他们说"我已经做得够好的了"。市场是无情的，你有时可能只比竞争对手稍逊一点点，就会被淘汰出局。

当你在工作中积极进取，把尚可的工作成绩当成前进的基石，不断提高自己，你的一切都会随之改变。

真正优秀的人总比常人多走一步路，因为他们知道及格是远远不够的。

闻名世界的美国钢铁大王卡耐基说：“有两种人注定一事无成，一种是除非别人要他去做，否则绝不会主动做事的人；另外一种人则是即使别人要他做，他也做不好事情的人。那些不需要别人催促，就会主动去做应该做的事，而且不会半途而废的人必定成功，这种人懂得要求自己多努力一点多付出一点，而且比别人预期的还要多。”

第四章

拒绝借口，勇担责任：任何借口都是不负责

在企业里，领导重视的往往是那些善于解决问题、勇于承担责任的员工，而不是那些整天找借口消极怠工的员工，因为他们知道，找借口的员工在职场中是没有任何竞争力的。优秀的员工敢于挑战一切不可能，并且积极主动地承担责任，与工作中遇到的阻力正面对战，成为更优秀的人。

1. 从现在开始，放弃任何借口

员工分为两种：一种是挑战不可能完成的任务的，另一种是避重就轻找借口逃避责任的，我更喜欢前者，而后者，只能在激烈的职场竞争被残酷淘汰。

在职场上，我建议大家发挥自己的最大潜能，努力工作力求上进，而不是找借口。企业给你这个工作的机会，是为了让你给企业创造价值，而不是让你遇到困难的时候找借口逃避。

林永是我们公司的老员工了，专门负责跑业务，他们的部门主管也很看重他。但是，有一次他手里的一个客户被对手公司抢走了，给公司造成了一定的损失。事后，他主动向部门主管解释："主管，因为我昨天夜里胃病犯了，吐了一夜，导致今天起晚了，所以比对方晚了半个小时。"主管知道他工作一直很努力，而且林永有老胃病，也是加班加出来的，因此并没有处罚他。

其实那天林永并没有犯胃病，单纯是贪睡起晚了，他怕主管知道事情的真相后，一定会开除他，所以才找了这样一个借口。然而，林永并没有吸取教训，反而为自己找借口逃过一劫很得意。后来当公司再给他委派一些难度较大的工作的时候，他都以身体状况为由，推掉了工作。

刚开始，各部门领导还都挺重视他的，但因为他经常推脱工作，时间一长，林永就逐渐淡出了领导的视线，一有重要的业务，领导就派别的业务员去做了。林永见领导不再将一些困难的任务交给自己，还暗自庆幸自己的明智。心想，这种任务，谁爱做谁做去，完不成任务还得扣钱，吃力不讨好。

如此种种，林永将大部分时间和精力都花在如何寻找更合理的借口上，一碰到难办的业务能推就推，好办的差事能抢就抢。而无论什么样的业务一旦没有完成，他就找出种种借口为自己开脱。

第二年年中，公司按绩效施行裁员，林永列在被裁名单的第一位。我把他叫进办公室，对他说："你为公司付出了太多心血，公司最不该裁的就是你，但是你看看这段时间你都干了些什么？业绩几乎是零，而更重要的是作为一名老员工，你已经在公司内部造成了负面影响……因此，公司只能让你走。"

林永刚要张嘴说什么，我立即说道："你不要再找借口了，这一年你的事迹我也有所耳闻，你到财务办手续去吧。"

不仅是在我们公司，在任何一家公司，那些企图靠种种借口来蒙混公司、欺骗管理者的人，最后只能落得像林永一样被公司淘汰。他们不尊重自己，却想让公司尊重他们；他们不尊重工作，却做白日梦想得到高薪。这种毫无责任心的人在社会上也不会被信赖和尊重。

有习惯性拖延症的人一般都是找借口的专家。他们经常因为自己的拖延耽误了工作，然后又编出花式借口来为自己辩解。

"这个方案太复杂了，三天哪够啊。"

"你别老催我了，客户不信，我能怎么办。"

"哎哟，对不起，这几天太忙了，我都把这事儿给忘了。"

"这个工程难度有点大，我再考虑一下吧。"

这些借口，我在工作中听过无数遍，听上去好像都很合理，但是不管这个借口多么合理，借口就是借口，不能弥补你没有完成工作的事实。

我想起了我的一次经历。我刚参加工作的时候，经理交给我一件工作任务："你把这份资料看一下，尽快做出一个方案来，下周跟客户开会的时候要用。”

这是我第一次独立接任务，心里非常紧张，但依然淡定地对经理说：“好的，我一定按时完成任务。”一周的准备时间，对我这种职场新人来说，是非常具有挑战性的。我挑灯夜战，查阅资料，跟前辈请教，眼看时间就要到了，我的方案只完成了一半。心想，这下饭碗铁定保不住了。我正盘算着要不要找个借口让经理再给我一次机会，但转念一想：没做好就没做好呗，找借口也不能让我明天按时交方案啊。

第二天，我带着完成一半的方案，到经理办公室承认了错误，我对经理说：“经理对不起，这个方案我没有完成，我也不想找任何借口为自己开脱。有什么惩罚我接受。”

这时，经理递给我一个文件夹，让我打开看看。我打开一看，里面是一份完整的方案，我感到很惊讶。经理对我说：“其实，这是一次实习测评，你是个新人，我怎么会把这么重要的方案交给一个毫无经验的新人去做呢，这是在考验你有没有责任心，会不会为自己的失败找借口。通过这次测验，看来你是个很可靠的人，恭喜你，通过了实习期。”

为自己的失误找借口是一件非常愚蠢的事情，找借口谁都会，如果你故意拖延工作，或者不想做工作，你可以为自己找到一万个借口。找借口是一个很不好的习惯。工作中出现问题，你应该第一时间解决问题，调整工作方案，而不是千方百计地找借口开脱。当找借口变成一面挡箭牌，事情搞砸了就躲到借口身后，乞求以借口获得别人的原谅，那你终将一事无成。一般来说，我们找借口无疑是为了把自己的过失掩盖掉，心理上得到暂时的平衡。但长期如此，借口成习惯，人就会疏于努力，不再想方设法积极进取了。

找借口就是在纵容自己懒惰。当大家要辛苦劳动，或者做出选择时，总想让自己轻松一些，少承担些工作。此时，“借口之心”悄悄作祟，告诉我们因为某原因而不能做某事，久而久之，作祟的声音成了光明正大的声音。如果是这样，那我告诉大家一个方法，当你想使用“理由”这个词的时候，请把“理由”换成“借口”，也许你就没那么心安理得了。

很多人都把宝贵的时间浪费在了找借口上，耽误了自己的前程。如果把找借口的时间拿去解决问题，成功离你一点都不遥远。

当大家在面临挑战时，总有人为自己没实现的目标找借口。正确的做法是，放弃所有的借口，找出解决的办法。那些实现了自己的目标，取得了成功的人，虽然过程不尽相同，也并不是个个都是高材生，但是他们有一个共同的特点——他们从来不为自己找借口。所以，从现在起，放弃借口，做一个勇于承担的人。

2. 不要把责任的皮球踢给别人

在社会上，每一个人都扮演着不同的角色，每一种角色又都承担着不同的责任，父母、孩子、妻子、丈夫、朋友、亲人……每一个角色都有一份责任；在职场，每一个人都承担着不同的工作，教师、警察、司机、法官、清洁工、服务员……每一份工作都是一份责任，不可推卸也不能逃避，这是每一个人都必须承担的。

责任是什么？责任就是一个人必须承担的义务和必须担负的职责。责任是一种使命，一种义务，一种义不容辞必须担负的道义。责任就是做好社会赋予你的任何有意义的事情。我们的家庭需要责任，因为责任让家庭充满爱；我们的社会需要责任，因为责任能够让社会快速、稳健地发展；我们的企业需要责任，因为责任让企业更有凝聚力、战斗力和竞争力。责任是天赋的职责和使命，它伴随着每一个生命的始终。责任是至高无上的使命，是我们要用生命来做的事情。

对职场员工来说，你的岗位就是你的责任，那么在自己的岗位上尽职尽责、勤奋努力就是自己义不容辞的职责。

然而在工作中，我经常会听到这样的声音：

“我是按公司要求做的。”

“这个工作又不是我一个人做的，某某也有责任。”

“我跟他说了，他不采纳我的意见，我也没办法。”

“这不是我做的。”

“本来挺好的，都怪某某。”

……

对于这些找借口推卸责任的人，即使他的工作能力再强，我也是不欣赏的。我们每个人都不是完人，在工作时都难免会出现失误，但是当问题出现的时候，一味地寻找借口就是推卸责任的表现。诚然，借口也许能让我们暂时逃避处分和困难，让我们的心里得到片刻的慰藉，但这一举动，却让我们失去了上司和同事的信任。

2016 年，我的团队里招进了两位新同事，一个暂且叫他小李吧，另一个叫小陈，公司规定他们的试用期为三个月。在试用期间，他们两个人都非常卖力，也非常敬业，小李属于憨厚老实型的，小陈就比较聪明伶俐。在我看来，小陈的前途肯定要比小李好，可是后来的一件事情让我完全改变了自己的看法。

在试用期快要结束时，我让他俩把一件贵重货物送到客户的公司里，并特别告诉他们，这件货物很珍贵，务必小心运送。可是当天的运送还是出了问题，车出了事故，货物被甩出去摔破了。回到公司后，我对他们两个进行了严厉的批评，并告诉他们箱子里的货物是一件特别珍贵的玉器，让他们两个做好赔偿的准备。小陈不同意，说这是车坏了导致的事故，不是我们的责任，不应当由我们赔。小李说虽然是车出了事故，但既然是我们来运送，不管什么事故都是我们的责任，我愿意赔偿。

试用期结束，我留下了小李。为什么？因为小陈虽然比小李聪明伶俐，工作能力也比较强，但却把自己的聪明用来为推卸责任找借口，这样的员工是不值得信任的。为此，我告诉公司里所有的员工，如果让我听到谁说“那不是我的错，是某某的责任”，我会毫不犹豫地开除他，因为说这话的人显然是对公司和工作没有责任感的人。

其实，我们每个人都不希望自己在工作中出现错误，但是“人非圣贤，孰能无过”，知错就改的人就是一个值得信赖的人。在工作中，最让

我痛心的就是，很多人宁愿花大量的时间和精力去寻找借口，也不愿承担自己的责任。对于这样的人，我是不可能信赖和重用的。

我所在公司的新员工录用名单上永远写着这样一句话："优秀的员工是像恺撒一样拒绝任何借口的英雄。"面对失误不找借口、敢于承担责任的人，我相信，错误不仅不会成为事业发展的拦路石，反而会让我们从错误中获取经验，从而更快、更好地发展。

去年，我们公司举行了一次大规模的客户答谢会，由行政部门的张晓燕和郑强负责。我把他们两个人叫到办公室，对他们说："这次的答谢会很重要，你们两个人辛苦一下，明确责任，好好配合，有什么困难及时和我沟通。"

郑强说："陈总您放心，我们一定圆满完成任务。"

张晓燕说："我们已经办过很多活动了，这次也一定没问题。"

在筹备活动的过程中，他们两个人热火朝天，所有的事情办得有条不紊。答谢会当天，我提前去了会场，检查了活动流程。这时，我发现舞台展板上的"协办单位"有两个公司的名字写错了，我马上把他们两个叫来询问是怎么回事。

张晓燕很着急，连忙跟我解释："陈总您别生气，这个展板是小孙做的，我马上把他给您叫来。"

我很生气："这都什么时候了，你还有心思找借口推卸责任？"

郑强马上说："陈总您别着急，现在离答谢会开始还早，我马上通知广告公司重新做一张送过来，一定来得及。"

郑强马上去联系广告公司了，我把张晓燕留下来，严肃地批评了她："工作出现了问题，你不想办法解决，却想着把责任推卸给别人，难道展板送来时你没有检查过吗？你叫我以后怎么再把工作放心地交给你。"经过这次事件，张晓燕吸取了教训，再也不随便推脱责任了。

员工们对承认错误抱有恐惧，这是人之常情，因为他们害怕承认错误后受到惩罚，甚至丢掉饭碗。大家都喜欢对那些有好结果的事情负责，却不愿意为那些出现错误的工作负责。其实，当出现错误时，不要惊慌，要利用这次错误让大家看到你是如何承担责任的，从错误中吸取教训，让你的领导觉得你是一个有责任感的员工，是一个可被信赖的员工。

工作中，千万不要利用各种借口来推卸自己的过错，忘却自己应该承担的责任。因为任何借口都是在推卸责任，都是个人责任感缺失的表现。

3. 借口都是不负责任的"挡箭牌"

远离借口，勇于承担责任，不仅是每一个员工乃至职业经理人的基本职业素养，也是保护自己的手段。大家往往认为找个借口逃避责任，可以让自己从巨大的风险中抽身，而现实恰恰相反，因为你不愿意承担责任，老板反而不愿意重用你，最后你就会被公司冷落。

借口也许让人暂时逃避困难和责任，获得一些心理上的慰藉。也有很多人把宝贵的时间和精力放在了如何寻找一个合适的借口上，而忘了自己的职责。很多人在出现问题之后常用的借口就是："工作是我们几个人一起做的，没做好不是我一个人的责任。"其实在这个借口的背后隐藏着一个非常可怕的问题，就是这个人缺乏责任感。而一旦缺乏责任意识，缺乏的东西还会更多，比如工作的热情，工作的态度，对企业的忠诚度。

缺乏责任感难免会失职，一个员工与其为自己的失职寻找借口，倒不如坦率地承认自己的失职。领导会因为你能勇于承担责任而不责难你；相反，敷衍塞责，推诿责任，找借口为自己开脱，不但不会得到理解，反而会产生更大的负面作用，让领导觉得你不但缺乏责任感，而且还不诚实。没有谁能做得尽善尽美，但是，如何对待已经出现的问题，能看出一个人是否能够勇于承担责任。

假如你够聪明，假如你真想在职场上闯出一片天地，最好的保护伞就是迎难而上，丢掉借口的外衣，带着责任前进。

冯磊原来是我们公司的市场部副经理，有一次，他收到消息，总裁要让他去外地处理一个非常麻烦的项目，于是，他头一天就跟公司打电话说不舒服，请假一天。

第二天，领导给他安排任务时，他恰好不在，于是就跟他的助手说："你帮忙给你们冯经理转达一下，这个项目让他跟进一下。"

当冯磊接到助手的电话时，他对助手说："小郭，我有点发烧，正在医院打针，你替我处理一下吧，我告诉你该怎么做，你拿笔记一下。"

一个星期过去了，事情没办成，他怕公司高层追究自己的责任，就跟总裁说："总裁，我那天病了，在医院打针，我不太了解事情的具体情况，都是我的助手去办的。"他心想，助手是总裁安排到自己身边的人，出了事，让他顶着，在公司高层面前还有一个回旋的余地，如果自己去承担这个责任，恐怕饭碗就保不住了。但是，纸是包不住火的，总裁知道事情的真相后，便毫不犹豫地辞退了他。

逃避责任可以说是人的一种本能，或者说是一种自我保护。当你的某项工作受到质疑时，大多数人会首先想到"这不是我的责任""这跟我没关系"或者"我也不想这样，但是某某如何如何"等一大堆理由，认为这些理由足以证明他（她）没有责任，不应该受到处罚。

作为一个管理者，我负责地告诉大家，没有一个老板喜欢找借口逃避责任的人，更不会把工作机会给一个没有一点责任心的人。一个人因为尽责而受人尊敬，因为有责任心而获得信任，而一个人一旦养成了推卸责任的坏习惯，无疑会让他人失去信任，为自己的成功之路带来各种障碍。假如你多次表现出害怕承担责任，老板一定会淘汰你——要么解雇，要么把你打入企业的"冷宫"。

在一次行业交流会上，我遇到了卫东，他是我朋友公司的市场部经理，马上要升职公司副总了。跟他聊天的时候，他跟我说起这样一段经历。

卫东说："去年，我犯了个大错误，我没仔细调查研究，就批复了为马来西亚一个公司生产 3 万台激光打印机的报告。然而等产品生产出来准备报关时，我才知道打报告的那个员工早就被‘猎头’公司挖走了，那批货如果运到马来西亚，就会无影无踪，货款自然也会打水漂。”

我问他：“后来呢？”

他接着说：“我急得没办法了，发了好大的脾气。这个时候，我老板走进来，他已经知道发生了什么，我马上跟他说了事情的原委，跟他承认了错误，最后我跟老板保证尽最大努力挽回损失。后来，老板答应了我的请求，还拨出一笔款让我到马来西亚去考察一下。经过积极的努力，我联系好了另一家客户。还不出一个月，这批打印机就卖出去了，价格比以前还高。我可算是逃过一劫啊。”

我跟他开玩笑：“大难不死，必有后福，你看你这不是升副总了吗？我想你那个时候如果想逃避责任，随便找个借口推脱掉，也不会有你的今天啦。”

职场上，员工们常常不愿意承担责任。其实，对员工来说，不敢承担责任才是最大的风险。因为伴随责任而来的通常是机遇，只有那些有责任心的人，才能把握住机遇。有些不负责任的员工在工作中出现问题时，首先考虑的不是自身的原因，而是把问题归罪于外界或者他人。开脱自己，为自己在工作中出现的问题、造成的损失，挖空心思地寻找借口。在这样的人看来，只有把借口说得圆满、可信，才能使自己少受或不受损失，才能保住自己的颜面。

有些员工总是强调，如果别人没有问题，自己的工作落实肯定不会有问题，总是借机把问题引到其他人身上，来减轻自己对责任的承担。其实，与其在这里挖空心思找各种理由来推卸责任，还不如想一想怎么做能够真正承担起责任，把出现的损失降到最低点，这才是一个优秀员工应当有的作为。

我的朋友董伟明，是一家大型企业的董事长，有一次跟他喝茶，闲聊中，他讲了自己的经历。

他小时候住在农村，有一天，跟小伙伴去外面玩的时候，不小心摔到别人的田里，踩坏了别人的庄稼。他知道自己闯祸了，站在原地不知所措。庄稼的主人跑过来看到自己的地已经被踩坏了一部分，就要他赔50块钱。那个年代50块钱不是个小数目。

他知道自己闯了大祸，只能硬着头皮，向父亲讲了这件事，希望父亲会替他担起这份他无论如何也负担不了的责任。没想到，一直很喜欢他的父亲却说："儿子，这是你的过失，你得为你的过失负责任。"

他说："我去哪儿找那么多钱赔给人家？"

他父亲拿出50块钱给他，非常严肃地对他说："这50块钱算我借给你的，但是你以后必须还给我。"过了一年，他终于攒够了50块钱，还给了父亲。

有一年遇到了自然灾害，他们家的收成特别差，穷得已经揭不开锅了。那一年，董伟明刚刚大学毕业，他主动承担起养家糊口的责任，还帮助妹妹重新回到学校上学。在他的努力下，他成为他们单位最优秀的业务员，但是由于自身强烈的责任心，他实在看不惯单位里的人事斗争，一气之下，离开了单位，从此开始了自主创业。

他从包工头做起，凭借着自己的勤奋，很快就有了第一笔生意。两年后，他成立了一个小型建筑公司，现在公司已经发展成一个大型建筑集团了。

人们往往很害怕承认错误和承担责任，他们觉得承认错误是一件很丢脸的事情，一旦承认了错误就会被人瞧不起，因此，他们选择逃避。但是，正是因为这种逃避的行为让他们变得非常软弱，使之难以在职场上取得成功。

针对自己的错误要勇于承担责任，并且把勇于承担责任当成一种习惯，是一个成熟员工应该具备的品质。实际上，承担责任的回报是长期的自信、被尊重和有力量的感觉，这些将对一个人的职业生涯产生莫大的影响。有责任心是每个人必备的基本品质，勇于承担责任是任何人从平凡走向优秀的第一步。

责任感反映了一个人的精神境界。有责任感的人，会在家庭生活中毫无怨言地挑起最重的担子；会在社会生活中，毫不犹豫地负重前行。这些人做任何事情都是任劳任怨，踏踏实实，从不在困难和问题面前寻找借口，为自己开脱，最终使自己成为家庭和事业中的佼佼者，并且享受着“责任”所带来的欢乐。

不去找借口，勇于承担责任，职场之路会变得更加精彩。我经常听到大家问“未来到底在哪儿啊”，这个问题根本没有讨论的意义，大家最应该做的就是把握现在。工作经验是需要不断积累的，工作中犯的错误是积累过程中的小插曲。想要成功，就应该担当起自己的责任，继续鼓起勇气，在职场的路上奋勇前进。

4. 解决问题，当一个可靠的“问题终结者”

在工作中，你会碰到各种各样的问题。你也许会觉得客户太难伺候，太不讲信用；有时会嫌研发部门没有把产品设计得更有竞争力；有时抱怨老板规定的任务指标太高了。于是抱怨不停，甚至想放弃，准备换一份工作。可是，此时的你是否想过，就算你换了一份工作，你能保证新工作中没有困难、没有问题吗？

能力达不到，可能会在工作中出问题，但出了问题并不仅仅是能力的原因。有些员工在出了问题后说：“谁都不想出错，我也不是故意想出错，关键是我就这么大的能力，我已经尽力了。”这看似是一个很无辜的解释，但是无论怎么样，该承担的责任一点都不会少。不是故意出错，就说明可能是不小心不认真才出错的，一个对待工作不小心不认真的员工又怎么能够把工作完成得圆满出色呢？如果一个公司的财务人员，在汇款时不小心写错了一个数字，可能就会使公司蒙受巨大的损失。一句“我不是故意的”的解释能推卸掉身上的责任吗？如果一个人能保持高度的敬业态度，这些问题还会出现吗？一个优秀的员工在遇到问题时，会想尽办法解决它，而不是把它推给老板。

我在升副总之前，把公司里所有的部门全部轮岗了一遍，目的是更细致地了解公司的运作和各部门之间的协调。一个下属工厂的工程师老杨给我们留下了非常深刻的印象。

老杨对生产要求非常高。那时工厂在生产一批轴承，老杨负责技术指导。第一批样品出来时，老杨问技术员："为什么做工这么糙，这样的产品哪能合格？"

技术员为难地说："我们现在工厂的设备只能达到这个水平了，我也没办法啊。"

老杨很严肃地对技术员说："自己的技术不精，就不要找借口怪设备。轴承的润滑度不够，就达不到公司承诺的产品寿命，这不是打自己的脸吗？"

于是，老杨召集了所有的技术员开会，花了一周的时间，每天上午给大家培训工业技术，下午带领大家研究、改良设备，晚上自己加班加点研究轴承材料。大家看在眼里，佩服在心里。经过一周的改进，第二批轴承样品生产出来时，合格率达到了百分之九十。

老杨还是不甘心，其他的技术员都劝老杨："杨工，您已经尽力了，这个轴承已经达标了。"

老杨对技术员们说："你们可以安慰自己，但我不能用这样的借口欺骗自己，一定还有哪里不对，这个问题一定要解决。"最后，经过老杨的不懈努力，轴承的合格率最终达到了百分之百。现在老杨已经是公司的总工程师了。

在职场上，如果大家都能像老杨这样用心、认真地解决问题，也一定能成为下一个"总工程师"。大部分时候，能不能解决问题，不只是能力问题，更是态度问题。假如你工作态度够积极，就没有解决不了的问题。

更何况，公司安排你这个职位，就是为了让你解决问题，而不是为了听你冠冕堂皇的借口。有的员工之所以优秀，就是因为他们一心一意地解决问题，他们绝对不会逃避问题，他们敢于发现问题并且面对问题，还把工作中遇到的问题当成锻炼的好机会。

在工作的过程中，不论级别、不分工种，所有人都免不了遇到许多问题，而解决这些问题、化解这些麻烦就是负责的表现之一，这也正是企业老板聘用员工的目的所在。所以，我们在自己的工作岗位上，一定要知道如何及时处理问题，如何正确地解决问题，切记不能把问题都交给上司，否则，负责只能是一句空话。

因此，在工作中，每个人都应该发挥最大的潜能解决问题，而不是浪费时间找借口逃避问题。只有抛开找借口的负能量，才能够获得解决问题的正能量，成为真正优秀的员工。

“牛仔裤专家”邓建军是江苏常州的黑牡丹（集团）股份有限公司的技术总监，是新世纪全国首批七个“能工巧匠”之一，也是全国职工职业道德建设“十佳标兵”。

是什么让邓建军在一个普普通通的岗位上，获得如此多的荣誉呢？这当然得益于他用责任心在自己平凡的岗位上做出了令人刮目相看的成绩。黑牡丹公司董事长曹德法曾经激动不已地说：“没有邓建军示范带动的科研团队，我们的企业可能就没有今天！”

邓建军刚刚参加工作那几年，是中国纺织企业正告别传统“金梭银梭”的年代，国内企业特别缺少机电一体化的技术工人。黑牡丹公司有一批进口剑杆织机急需改造，邓建军积极报名接下了任务。但看过现场以后，他心底不禁冒出了一股凉气。几十台机器的各种电气线路如一团乱麻，图纸不知去向。一块线路板有2000多个点需要一一测试、分析、测算，要想改造这些进口货，任务十分艰巨。

他一咬牙，从最起码的制图开始做起，每天蹲在机器旁14个小时以上。经过一番创造性的努力，这些机器终于被他改造好了，为公司节省了大笔的资金。在工作的十几年中，邓建军一直把为公司创造效益当作自己义不容辞的责任。

2002年8月，世界流行的新产品“竹节牛仔布”在黑牡丹公司遇到生产告急，如不能按期交货，公司不仅会丢掉400万美元的订单外加付违约金，还要将市场拱手让人。邓建军急了，他带着科研小组连续奋战15个昼夜，自行设计安装了4台分经机，成本仅为进口设备的1/8，保证了公司按时交货。客户满意之余，又续签了800余万美元的新订单。

一提起染浆联合机的4次改造，黑牡丹公司的董事长曹德法就念念不忘邓建军，他说：“邓建军所带领的团队解决了连续生产不用停车这一难题，仅此一项就为企业创造经济效益3000多万元。”

企业在发展过程中会遇到很多难题，而邓建军把解决企业的难题当作自己的责任，而不是像有些员工，看到企业有困难就逃避，不能为企业的顺利发展贡献一份力量。松下幸之助说过这样一句话：“工作就是不断发现问题、分析问题、最终解决问题的一个过程，晋升之门将永远为那些随时解决问题的人敞开着。”这句话道出了工作的本质：解决问题。

大部分情况下，员工只想解决容易的事情，不想动脑筋解决困难的问题。但是，把有难度的事情推给别人，其实就是工作的失败。管理学家斯蒂文·布朗曾经说过：“领导并不是问题的解决者，而是问题的给予者。”实际上，你和上司的工作关系就是这样简单——你去工作，为上司解决问题。所以，在落实责任的过程中，你应该随时提醒自己：解决工作上的问题是我分内的职责！

美国总统杜鲁门有一句工作名言：“Bucket stop here”，意思是“问题到此为止”。一个有责任心的员工，就应当是让问题到此为止的人。这样的员工绝对不会在没有尽力的情况下为自己找借口逃避责任。反而，他会想尽一切办法完成任务，做一个“问题终结者”。没有条件，创造条件也要解决问题。不管在什么企业，领导欣赏的永远都是能够解决问题的员工。

所以，我们在遇到困难的时候，一定要记得这句话：要做问题的终结者。因为，世界上没有解决不了的问题，只要积极努力去想办法，一定能解决任何问题。

5. 将责任心纳入你的工作标准

在办公室里，我经常听到这样的抱怨：

“这是谁的责任?”

“这是谁的问题?”

“这是谁造成的?”

几乎所有的人都有这样的习惯，一旦有功劳，就往自己的身上揽；一旦出现问题，就把责任往别人身上推。

常言道：“智者千虑，必有一失。”一个人再聪明、再能干，也总有失误犯错误的时候。出现了失误，当务之急是什么？是急于解释失误的原因，说这些不是自己的错；还是赶紧弥补失误，亡羊补牢，将事情引向成功?

我们都知道正确的答案是后者，可是在实际工作中，很多人总是喜欢为自己的失误作辩解。其实这时的解释往往是苍白无力的。

一个人做错了一件事，最好的办法就是老老实实认错，而不是去为自己辩护和开脱。日本著名首相伊藤博文的人生座右铭就是“永不向人讲‘因为’”。可以说，这不仅是一种做事的标准，而且也体现出一个人的责任感。

有些人在工作中出现错误，就会找出一大堆理由来为自己辩解，并且振振有词、头头是道，他们认为这样就能把自己的错误掩盖，把责任推卸干净，但事实并非如此。也许老板会原谅你一次，但他心中一定会感到不快，对你产生不好的印象。你为自己辩护、开脱，不但不能改善现状，而且有时所产生的负面影响还会让情况更加恶化。

袁宇和徐志刚是我们公司的两个员工。周一例会开到一半的时候，袁宇才走了进来。主管正说得精彩，看见袁宇走了进来，于是就问他："你怎么又迟到了？"

袁宇不慌不忙地说："路上堵车了，我等了半天，道路才畅通。"

袁宇的理由充分，主管也没有办法，只得让他进来。袁宇心中窃喜："如果我说起晚了，领导肯定会非常生气，幸好我机智，找了一个这么好的理由。"

领导继续开会，问徐志刚："你的销售回款表怎么还没有交上来？"

徐志刚本来想利用周末时间把销售回款表做出来，但是没想到女朋友拉着他逛街约会，就把这件事给忘了。

于是他条件反射地说："就快做完了！"

主管非常生气："就快做完了是什么意思？不是让你周五下午做完吗？我不是说了，周一例会我要用吗！"

徐志刚畏畏缩缩地说："我也不是故意的……谁知道周末家里断网了……"

主管打断了他："我不想听你的借口，上次是停电，这次是断网，下次是不是就该断粮了？"

逃避责任是人的一种本能，也可以说是人的一种劣根性。没有责任，却能轻轻松松地领取薪水，这是多么快意的事情啊，就像滥竽充数的南郭先生一样。但是，这样的好事情绝对不会长久，不愿意承担责任的人，早晚要被扫地出门，即使侥幸没有被赶走，也会因为长期不承担责任，长期得不到锻炼而能力退化，进而被淘汰。而那些在工作中主动负责的人，则会获得更多机会。

一个人对待工作的态度不同，取得的结果亦不同。以糊弄的态度对待工作，结果就是糊弄自己。相反，若以高标准的态度对待工作，就会取得圆满的结果。不管你现在身处何职，从事着什么样的工作，在工作中，拿出你的责任心和认真负责的工作态度，对工作高标准严要求，这将是你迈向更高起点的保证。

高标准，主要是对工作目标的要求。我们讲工作要高标准，就是把工作的起点、过程和所要达到的最终效果，定位在现有条件能够达到的最高和最好的程度。对工作标准问题，历来有这几种态度：一是满足过去，工作就低不就高，讲条件找客观，应付对付；二是实行中庸之道，目标既不高也不低，讲究随大流，不求有功但求无过；三是适当攀高，标准能够达到更好但不追求更好，留有余地；四是高标定位，主动挑战自我，主动自我加压，主动瞄准一流目标。显然，前三种态度不是我们所希望的，只有第四种才是高标准的体现。

高标准并非伸手可及，但也不是高不可攀，只要我们严格要求并付出艰苦的努力就可达到。

我的一位亲戚叫赵刚，是一家运输公司的老板，他提拔了一位非常有潜质的员工到一个业绩不太好的物流公司担任经理。可是半年过后，这个物流公司的经营状况依然不能达到生产指标。

“怎么回事?”赵刚在听了经理的汇报之后问道，“像你这样能干的人才，为什么不能拿出一个可行的办法，激励他们完成规定业绩呢?”

“我也不知道。”经理回答说，“我也曾用加大奖金力度的方法，也曾用强迫压制的手段，甚至以开除或责骂的方式来恐吓他们，可无论我采取什么方式，都改变不了员工们懒惰的现状。他们就是不愿意干活，实在不行就招聘新人吧!”

这时恰逢太阳西沉，夜班员工已经陆陆续续向办公室走来。“给我一支马克笔，”赵刚说，然后他转向离自己最近的一个白班员工问道，“你们今天完成了几单生意?”

“6 单。”

赵刚在夜班员工上班地点的墙壁上写了一个大大的、醒目的“6”字以后，一言未发就走开了。当夜班员工进到车间时，他们一看到这个“6”字，就问是什么意思。

“赵总今天来这里视察，”白班员工说，“他问我们完成了几单生意，我们告诉他 6 单，他就在墙上写了这个‘6’字。”

第二天早上，赵刚又走进了这个办公室，夜班员工已经将“6”字擦掉，换上了一个大大的“7”字。下一个白班的员工来上班的时候，他们看到一个大大的“7”字写在墙壁上。

“夜班员工比白班员工好，是不是? 好，白班员工要给夜班员工点颜色瞧瞧!”白班员工开始全力以赴地加紧工作，下班前，留下了一个神气活现的“10”字……经营状况就这样逐渐好了起来。没过多久，这个一度业绩差得可怜的物流公司成了行业的佼佼者。

同样的员工，同样的能力，为什么前后表现出不同的生产效率呢? 问题的关键在于标准的不同。

赵刚巧妙地用一个数字定下了新的标准，激起了员工的竞争心理，也激起了他们对工作的责任心，而这种责任心使得员工充分发挥出他们的能力，创造出骄人的业绩。这就是把责任心融入工作标准后创造出来的奇迹。

高标准，就是要清楚应该把自己摆放在什么基点上、什么位置上、什么出发点上，然后在工作中以此标准要求自己，做好自己岗位上的工作。在实际工作中，很多人都认为自己的工作已经做得很好了。但是，你真的已经发挥了自己最大的潜能，而把事情做得尽善尽美了吗? 每一个人都有自己难以估量的巨大潜能，假如能够以高度的责任感工作的话，就能够把自己身上的潜能最大限度地发挥出来，把事情做到最好。

第五章

立即执行，落实责任：负责任就要有高效的执行力

一个员工是否有执行力，是衡量员工是否优秀的条件之一。在职场上，那些优秀的员工都是坚决的执行者，他们从不为自己找借口，而是尽自己最大的能力解决问题，把工作完成得滴水不漏。

1. 执行到位才是责任到位

比尔·盖茨曾经说过："人可以平凡，但不可以没有责任感。"这句话经常被我拿来警醒员工。我告诉他们，一个员工只有具备高度的责任感，才能在执行中落实每一个环节，保质保量地完成任务。我不仅重视员工的执行力，还很重视员工责任感的培养，责任感也成为我们公司衡量员工是否优秀的标准之一。

在执行一项任务的过程中，责任心是非常重要的。整个任务想要成功，关键就在于执行任务的人有没有责任心。只有每个成员都承担起自己的责任并完成自身任务，才能保证整体行动的顺利进行。

2016 年，我们公司招了三个大学生——刘伟、张路和秦文国，实习期结束时，他们的经理吩咐他们三个人去做同一件事情：去供货商那里调查一下产品零件的数量、价格以及品质。

刘伟刚出去 5 分钟就回来了，他走到经理办公室，胸有成竹地对经理说："我向专门负责采购的小张问了一下，轴承是 20 块钱一个。"

半个小时过去了，张路到经理办公室汇报："经理，我找小张要了供货商地址，目前他们的轴承数量有 150 万个，每个 20 元，品质都不错，样品通过率在百分之九十以上。"

秦文国两个小时以后才回来，他气喘吁吁地跑到经理办公室，对经理说："我去供货商那里查了一下，他们目前合格的轴承数量是 150 万个，但是我们需要的型号只有 20 万个，我还去他们的生产工厂看了一下，生产线的监督很严格，轴承合格率很高。回来的路上，我还去了另外两家生产轴承的单位，但是只有一家可以与我们的供货商比较，另外一家的做工太粗糙了。我等下就把三家的对比报告做出来给您过目。”

最后，只有秦文国一个人通过了实习期考核，成为正式员工，另外两位被淘汰了。

刘伟很明显是在敷衍了事，草草应付；张路也只是被动完成任务；只有秦文国非常有责任心地完成了工作。假如你是老板，你会录用哪一个？如果你是老板，你愿意把机会留给谁？相信你已经有答案了，执行到位的秦文国是不二人选。

实际上，每个行业都需要有责任心强、执行力强的员工。假如你不带着责任心去工作，可以说你的职业生涯毫无意义。因此，不管你做什么样的工作，都要有责任心。

我朋友的公司是做食品加工的，他们公司的销售队伍非常优秀，当公司的销售部总监到工厂检查的时候，并不是西装革履地对着员工们指手画脚，而是换上工作服，和员工们一起搬货运货，检查货物是否受损。

这些年，朋友的公司在食品市场上的占有率一直居高不下。经过观察，我发现朋友公司成功的一个重要原因就是在执行的过程中，把每一份责任都落实到位，甚至对每一个销售细节都斤斤计较，他们对竞争对手的打击是从消灭他们的每一个细胞开始的。以他们今年的订货会为例，他们拿到的订单是其他公司订单的4~5倍！

为了这个订货会，他们去年就开始准备了，他们首先选择城市做试点，全程拍摄视频，并且对每一个试点都做详细的研究。市场部特地制作了厚厚的一本《订货会操作流程》。在订货会之前，会议的组织者一起去将要开会的城市进行了观摩，并一起参与会场的布置、会议的安排和事先的预演。在开会前，他们已经和经销商开了好几次准备会议，关于流程、会场布置、人员安排、客户邀约、模特的选择、时间安排、可能会出现的问题及解决方案等，都做了详细的讨论。

会议开始的前一周，他们就按照设计好的现场方案布置好了会场，又把所有的工作人员召集到一起开了个会，确认所有的物料和会议资料是否到位，对会场的设施也做了最后的检查，在会议开始的前一天，又按照流程进行了会议彩排。

就是这些完善的责任落实，就是这种不可小觑的执行力，让朋友的公司获得了经销商的青睐，在食品市场上抢占了先机。

这个时代是个讲求效率的时代，职场瞬息万变，如何在职场中屹立不倒呢，那就是提高你的执行力，想到的事情马上去做。我想，如果朋友没有那么强的执行力，那么高的责任心，他的公司是没有如今的地位的。

因此，一个人想要成功，关键在于执行力是否强，是否把责任落实到位了。职场需要行动派，那些只会动嘴不会迈腿的员工是没有竞争力的，我希望大家能把嘴上说的内容付诸实践。

一项任务执行不成功，很大程度上是因为参与人员缺乏责任心。这些人没有责任意识，得过且过，做一天和尚撞一天钟。甚至，只要是上司不检查的任务，他们就偷工减料，或者干脆不完成。这些人的职业生涯中没有“责任感”三个字。

假如你认准了一项任务，那现在就开始行动。经调查，全球有九成以上的人，因为拖延症而一事无成。曾有人说过：“如果你犯了一项错误，这个世界将会原谅你。但如果你未做任何决定，这个世界将不会原谅你。如果你已做了一个真正的决定，就要马上行动。”

当你的潜意识里有了“现在就去做”的想法时，你就已经成功了一半，因为你的执行力和责任心就是你在职场上最好的通行证。

千里之行，始于足下。所有人都知道执行力对于自己的意义，可是在职场中，又有多少人能做到呢？

任何事情，只有付诸行动，才会有收获。任何伟大的计划，只有付诸实施，才会有完美的结局。在职场上，你想要获得职位和财富，就要亲自去实践，去行动，把责任心融入到自己的事业中来。

很多人之所以会取得今天的成就，并不是上天安排好的，而是在生活中一步一步执行到位的结果。就算你的想法再完美，没有执行力，没有责任心，还是一文不值。因此，假如你有目标，就带着你的责任心，马上行动吧。

2. 服从是执行的第一步

我在工作中经常会遇到这样的情况，我吩咐给下属一件事情，他们总是喜欢添油加醋多做一些汇报给我，或者偷工减料少做一些减轻自己的负担，殊不知他们的这些“自以为是”常常给我带来麻烦。我经常跟他们说：“一个称职的员工，首先要做到服从。没有服从的观念，就不可能把工作做好。”一个员工服从上司的安排，就像是一个军人要听从上级的指挥一样。

我比较喜欢这样的员工——觉得服从命令是自己的天职，服从上司的命令，服从公司的安排，与上司密切配合，把工作做得尽善尽美。

在职场上，服从是一种美德，是每个员工都必须具备的精神。执行的第一步就是服从，什么是服从？服从，就是指个体按照社会或群体的要求，或他人的意志而做出的行为。主要包括服从社会规范，服从组织原则，服从团体利益，服从最终决议，服从领导指令。企业虽然不是军队，但企业同样需要服从。在企业中，如果所有员工思想不统一，每个人都有自己的想法，这就像很多马拉的车，没有统一的指挥，每匹马都有自己的方向，车或者原地不动，或者倒退。这就需要有赶车的人，统一群马的方向，马车才能前进，也才能体现群马的价值。因此，服从对企业、对员工具有重大的意义。一个员工，只有学会服从，才能处理好团队的利益和个人利益，这样的人在企业里是最受欢迎的。

毫无疑问，执行的第一步就是服从。在职场上，每个员工都要服从上司的安排，就像在军队里，士兵要服从上司的号令一样，服从命令听指挥，才能让团队的作用发挥到最大，促进企业的发展。假如没有服从，哪怕有再好的领导，团队也是一盘散沙，发挥不出它的价值。

陈艳是我朋友胡克昌的助理，那天，我去找老胡谈事情，老胡突然接到采购部的电话，说最新一批零件的质量不合格，延迟了新产品的制造时间。老胡焦头烂额，在办公室里来回踱步，对陈艳说："这下可完了，这批零件不合格，我怎么跟客户交差。还是老周公司的零件靠谱，我还让你发邮件痛斥老周，这下麻烦大了。"

陈艳马上安慰老胡说："胡总您先别着急，我当初就劝您三思而后行，您也没听我的劝告啊。"

老胡说："都怪我一时冲动，以为老周一定是在蒙我，要不然别的厂家单价怎么那么便宜?"

老胡停下来，对陈艳说："你把周总的电话告诉我，我现在就要给他打电话，向他赔礼道歉。"

陈艳说："胡总，您让我给周总发的邮件，我根本没发，您放心吧。"

老胡满脸疑问："你怎么会没发呢？我不是让你发了吗?"

陈艳确定地说："是的，我没有发。"

老胡坐了下来，舒了一口气，过了一会儿，抬头问："我不是让你马上发的吗？你怎么没听我的?"

陈艳说："我觉得您一定会后悔的，所以我就先把这件事压下来了。"

老胡接着问："那我让你发给美国客户的文件，你也推后了吗?"

陈艳说："那我没有，我有分寸的，什么该发，什么不该发。您说美国的文件很急，我马上就去发了。"

老胡显然很不满意陈艳的做法，质问她："到底你是老板，还是我是老板?"

陈艳愣住了："我做错什么了吗?"

老胡说："你大错特错，作为员工，最基本的素养就是服从上司的命令，你说你有分寸，假如你哪天耽误的是一个非常重要的邮件，你承担得起那个责任吗?"

陈艳被扣了工资，但是没有公开，除了老胡和财务，公司里没有任何人知道。陈艳吸取了这次的教训，以后再也没犯过同样的错误。

其实大多数员工都有陈艳这种思维——服从对的，不服从错的。其实，这种观点非常错误。服从就是无条件的，只要是上司的命令，作为员工，就应该第一时间去执行。

"服从对的，不服从错的"在认识上就存在错误。这种想法无疑在挑衅你的老板："我比你更明智，我比你更具有判断力。"要知道，你使用的判断力只是你的标准，并不是你上司的标准。

当然，就像老胡一样，上司也有决策错误的时候，但是，作为下属，依然应该服从命令。你不能犹豫，思考上司的决定是不是对的。因为，上司在做决定时，大部分是经过深思熟虑的。作为一个普通员工，你很难判定上司的决策是对的还是错的，因为很多事情在结果没有出来之前，不能轻易地下结论。

同样，工作中，我们的团队同样需要无条件地服从——对上级命令的服从，对下达任务的服从，对公司利益的服从。

服从是执行的第一步，没有服从就没有执行，所谓的创造性、主观能动性都建立在服从的基础上，否则上司再好的思想也推广不开，也就没有了价值。

服从不仅是对上级命令的贯彻，它更多地表现为对工作积极接受的态度，意味着不逃避责任、热情投入以及牺牲精神。它常常在我们的生活中以另一种姿态出现，那就是"敬业"。

小刘是我朋友的保险公司的客户经理，是大区仅有的5个顶级会员之一。当别人问起她成功的经验时，她说："我曾是一名军人，客户的需求就是命令。对于每一项命令，我都会全力以赴、不计代价地完成，因为服从命令是我的习惯。”

对于任何团体和组织，服从精神的重要性都不言而喻。服从命令的习惯不仅能让个人变得敬业，还能强化整个团队的工作能力。团队有如一部联动机，当所有的部件都能忠实履行自己的职责，整个机器才能运转自如。而当各个部件都有超常表现时，整个机器的性能就会成倍地提高。

相反，各自为战的个人主义不但会毁掉个人的前途，也会腐蚀掉整个团队的战斗力。对分配的工作百般敷衍，这样的员工只会令老板徒增烦恼，更不可能被委以重任。

另外，我让大家服从命令，并不是让大家忍气吞声，你有意见也可以说出来，让你的上司觉得，在执行他的命令的同时，你也在思考，你努力地想把事情做好。但是，无论你在公司处于什么职位，只要你是公司的员工，就要服从上司的命令。

因此，就算上司的命令再荒唐，再不可思议，甚至和你的想法完全大相径庭，你也要放弃自己的意见，全心全意地去执行上司的命令，在执行的过程中，如果发现这项命令是错误的，要尽力把损失降到最低，这才是一个合格员工执行任务时应有的态度。

3. 拖延是执行的大敌

在工作中，你是否出现过下面这些想法：

“算了算了，眼看就要下班了，做不完明天来接着做吧。”

“说不定现在客户在开会，待会儿再打电话吧。”

“反正离发工资还早，工资表下个星期做也行。”

“这个项目已经拖了这么久了，也不在乎这一两天的。”

……

所有的事情都想着明天再做，能拖一会儿是一会儿，古诗有云：“明日复明日，明日何其多。”

事实是，几乎每个人都在工作中拖延过。拖延有轻有重，表现形式也各不相同。例如，不想主动做事，像挤牙膏一样，上司说一句，下属动一下；有心事，没办法集中注意力工作，只能在同事里和稀泥；“完美主义”作祟，该执行的项目被无休止的“完善”拖延；有做事情的心，但是不知道从何下手；情绪低落，对什么事情都提不起兴趣，也没什么职业规划。以上说的情况，都是拖延症的表现。

有拖延症表现的人，意志通常很薄弱，他们没有面对现实的勇气，逃避困难成了习惯，害怕艰苦的环境，自我约束力十分低下。这些人要么目标太多，广泛撒网，但是不知道哪条鱼是重点，所以无从下手，缺乏做事情的计划性和条理性；要么觉得时机不成熟，没有开始的必要条件，也就拖拖拉拉，不愿完成。

拖延症是执行力的最强杀手，拖延可以说是现代人普遍的“慢性病”，是一种危险的恶习。拖延一旦有了第一次，就会有第二次，第三次，直到变成一种习惯，到最后，很多工作都没办法开展。

很多人养成一种优游的习惯，凡事都愿意拖一拖，不必今天做完的事绝不会在今天做完，即使必须在今天做完的事也能拖就拖，能捱就捱，没有一点紧迫感。

拖延
是执行的大敌

有时候这些人会想“我要是早点做完就好了”，但是下一次，还是会习惯性拖延。几次三番，他们就对拖延这种事情习以为常了，以至于忽视了拖延对工作的危害。

凡是加入我的团队的员工，入职培训的第一天，我一定会给他们讲“寒号鸟”的故事。自大的寒号鸟，由于自身的拖延症，迟迟不给自己造窝，最后冻死在了石缝里。我想用这个故事告诉大家，拖延症是执行的大敌，想要成为优秀员工，就一定要摆脱拖延症。

朱炎是我公司的一名员工，业务能力一直很突出，我想给他一次锻炼的机会，就把一个稍微有点难度的项目交给他做。

接到任务的第一天，他很有干劲儿，查资料，问同事，打电话联系客户，似乎我真的没看错人。第二天，也是同样的景象。第三天，我看到他并没有前两天那么积极了，我就问他项目的进度，他说：“陈总您放心，这个项目对我来说小菜一碟，还有好几天呢，我一定能完成。”

两天后，我让朱炎把项目规划书交给我看，他拿给我的只是完成一半的规划书。我提醒他：“时间不多了，你抓紧时间，不要再拖了。”他应声出去了。

第六天就要和客户进行项目研讨会了，我让朱炎把计划书给我看看，大家开会讨论一下，朱炎支支吾吾地告诉我说：“陈总，这个项目计划书我还没做完。”

我大发雷霆：“从你进入团队的第一天起，我就告诉过你，不要有拖延，你听到哪里去了？有没有一点做事情的责任心？你现在出现这种错误，全组都要跟你一起加班、赶项目。”

最后，在全部组员的合作下，项目计划书终于完成了，但是朱炎被我解雇了。

在职场中，这种类型的员工不在少数。他们只看眼前，得过且过。任务能拖一天是一天，跟寒号鸟一样，最后害的还是自己。拖延症是高效执行的最大敌人，关键时刻拖延就会像朱炎那样，给团队带来非常大的麻烦，历史多次以血的教训证明了这一事实。

事实上，拖延并不会让问题消失，反而会让问题越拖越麻烦，就像滚雪球一样，问题会由小变大，由少变多，解决起来就会更麻烦，并且，没有人会为你的拖延承担责任。因此，我建议大家立刻行动起来，不要被拖延束缚住了手脚。

拖延症对身心有伤害，它会让人的意志力越来越薄弱，正能量越来越少，阻碍员工正常的潜能发挥。拖延症是一种恶性循环，这种恶性循环就是：“拖延——低效能 + 情绪困扰——拖延。”由于这种恶性循环的影响，员工常常深陷自责和悔恨中无法自拔，最后一事无成。

高平是我们公司一名普通职员，大家给他取了个外号叫“奔跑的鸭子”。因为他的身材比较矮小，在办公室里工作的时候跑来跑去，就像只鸭子一样。就连新来的员工，都能指使高平去办事。后来，高平调职去了销售部，总公司给销售部下达了一项任务：年底各分公司销售额必须突破 500 万。

销售部经理认为这个目标根本不可能完成，总公司这是在故意为难人。于是私下里抱怨：“总公司的人就知道动动嘴皮子，丝毫不考虑现实因素，年底销售额达到 500 万，怎么可能啊！”为了让总公司降低任务标准，销售部经理故意把工作计划一拖再拖。

整个销售部只有高平一个人在埋头工作，离年底还有一个月的时候，只有高平一个人完成了自己的销售额，而其他人大多只完成了一半，有的人甚至更少。

后来，销售部经理主动提出了辞职，高平被任命为新的销售部经理。“奔跑的鸭子”高平在上任后依然勤奋地工作。他的精神鼓舞了部门所有的员工，他们调整了工作计划，终于在任务截止日期之前完成了500万的销售额。当新年第一天来上班时，董事长亲自把聘书和10万元的奖励支票交到了高平手中。

到现在，董事长还经常提到这位“奔跑的鸭子”——高平给他留下的深刻印象。高平曾经说过：“如果你能让自己跑起来，总有一天你会学会飞。”此后，高平每次培训下属都会跟他们说这句话。

要想获得成功，就应行动敏捷、雷厉风行、立刻去做、绝不拖延。工作中，有很多稍纵即逝的机会摆在我们面前，能否抓住这些机会，不仅取决于我们是否有敏锐的洞察力，是否善于吸纳别人的建议，而且还取决于是否能立刻去做、决不拖延地去付诸行动。应该说，后者更有现实意义。

优秀的员工，应该学会利用时间，做立刻去做、决不拖延的能手。分分秒秒也不耽误。凡事分清轻重缓急，把握优先顺序，以主次分清的办法来统筹时间，用最短的时间解决最急迫的问题，这样会让我们的执行效率大大提高。

绝不拖延，立刻去做！这句话是一个惊人的驱动器，当你感觉到拖沓、空谈等恶习向你靠近时，你需要用它来提醒自己！你想躲避某项工作，最好的办法就是从这项工作入手，立刻去做、决不拖延，否则，这项工作就像一个恶魔，不断地缠绕着你。很多事情万事俱备时，苦等东风也不会来，还不如立即去做，一分钟也不拖延，然后相机行事，这样才能有更多的胜算！

绝不拖延，立即行动，发生问题，立刻解决！不要把时间浪费在无谓的准备上，工作能治疗一切！决不拖延，立刻忙碌起来吧！与其在思想中等待，不如在行动中成功！

4. 要做就是百分之百，不打任何折扣

无论在什么地方，那些完成工作时大打折扣、缺少责任感的人往往会成为裁员的“热门人选”。对于一个企业来说，拥有优秀的员工，企业的发展才能蒸蒸日上。如果公司内有太多的“糊弄员工”，如果不及时剔除他们的话，就会像一个烂苹果迅速使箱子里的其他苹果也腐烂掉一样，企业也会被慢慢腐蚀掉。

小周和小许是同班同学，两个人大学毕业后，恰逢人才市场饱和，都找不到适合自己的工作，便降低了要求，一起到我朋友的工厂应聘。恰好，这家工厂缺少两个打杂的职员，问他们愿不愿意干。小周思索了一会儿，便下定决心干这份工作，因为他想给自己一次发展的机会，不愿意依靠父母的接济生活。

不过小许根本看不起这份工作，他只是迫于生计愿意留下来陪小周一起做一阵子。因此，小许上班时懒懒散散，每天打扫卫生敷衍了事。一次、两次、三次，朋友认为他刚从学校毕业，缺乏锻炼，再加上恰逢人才市场饱和，也同情这个大学生的境遇，便原谅了他。然而，小许内心深处对这份工作抱着很强的抵触情绪，每天都在应付自己的工作。结果，刚干满 3 个月，小许便被辞退了，又回到社会上重新开始找工作。当时，社会上到处都在裁员，哪儿又有适合他的工作呢？更何况他自己的工作心态又是不正确的，所以他不得不依靠父母的接济生活。

相反，小周在工作中，抛弃了自己大学生的身份，完全把自己当作一

名打扫卫生的清洁工，每天把办公室走廊、车间、场地都打扫得干干净净。半年后，朋友便安排他给几位高级工程师当学徒。因为工作积极，认真勤快，一年后，他便成为朋友的助理。而小许此时才刚刚找到一份工作，是一家工厂的学徒。但是，他认为自己是高等学历的拥有者，应该属于白领阶层。结果，他在自己的工作岗位上仍然把活干得一塌糊涂，后来又不得不回到人才市场重新寻找工作。

员工对工作全力以赴是每个老板都希望看到的，但是做到并不是那么容易，需要员工们尽职尽责。有责任感的员工，总会想方设法把事情做得完美，不打任何折扣。

我初入职场，向老前辈请教经验时，前辈说了这样一句话："只有尽职尽责，才能尽善尽美。"最初，我有些怀疑，后来，为了验证这句话，我开始认真地反省自己原来的工作方法与态度，最后发现，自己以前错过了很多能够与顾客成交的机会。

经过仔细分析，我发现自己在以前的工作中确实没有做到尽职尽责，在开展工作前没有做好充足的准备，心不在焉，缺乏必胜的信心。于是我给自己制订了一套非常严格的工作计划，并立刻着手实施。数月后，我重新回顾了自己最近一段时间的工作，发现自己的工作业绩翻了好几倍。我在几年后就升职了，开始在更为广阔的舞台上大显身手。

职场就是如此，有的员工原本能力非常突出，却由于缺乏尽职尽责的工作精神，在工作中时常出现疏漏，最后只好逐渐流于平庸。而有的人，最初在工作中虽表现一般，但他们对自己有非常清楚的认识，对工作有着强烈的责任感，并且会全心全意地投入到工作之中，尽一切可能将自己的工作做得更为完美，从而最终取得更好的成绩。

无论做什么样的工作，都要对自己的工作尽职尽责。在工作中竭尽全力来求得更大的进步，这不但是工作的原则，更是我们做人的准则。

林宇刚到我们公司任职时，他认为自己的专业能力相当强，因此对待工作常常有些随意。一天，他接到一项任务——为一家非常有名的企业做一个广告宣传方案。

自认为才华横溢的林宇只花费了一天的时间就做完了这个方案，交给了组长。他的组长看后感觉不满意，让他重新做。这次，他又花费了两天的时间重新做好了一份交了上去，组长看后，尽管认为不是太完美，但是还可以用，就将它呈报给了部门主管。

林宇第二天被叫到了主管办公室。主管问他："这是你能做的最好的方案吗?"林宇听了一怔，没敢做出回答。主管轻轻地把方案推给了他，他没有说什么，拿起了自己做的方案，回到了自己的办公室。

林宇调整了一下情绪，又重新修改了一翻，交到了主管那儿。主管依然还是那句话："这是你能做的最好的方案吗?"林宇心中忐忑不安，还是不敢给主管一个肯定的回答。于是，主管依然让他拿回去认真斟酌，仔细思考后再修改。

林宇这一次回到办公室后，没有急于修改，而是绞尽脑汁、冥思苦想了整整一个星期，才将方案彻底修改完交了上去。主管盯着他的眼睛，仍旧问："这是你能做的最好的方案吗?"林宇满怀信心地回答说："是的，这个方案我认为是最好的。"主管说："好！我现在批准通过这个方案。"

有了这次经历，林宇懂得了一个道理：唯有尽职尽责地工作，唯有对自己的工作负责，才能将工作做得尽善尽美。此后，他在工作中时刻提醒自己：要有责任感，要全心全意地对待工作，要做就做到百分之百。这也使他在之后的工作中，改掉了以前涣散的习惯，认真对待自己的工作，成为公司必不可少的人才。

也许你感觉自己在工作中已经做得非常好了，但你是否真的已经竭尽全力把每件事情完成得尽善尽美了呢？每个人的潜能都是巨大的、难以估量的，如果能以尽职尽责的态度工作的话，就可以最大限度地发挥出自己的潜能，将事情做得尽善尽美。

5. 让自己成为执行高手

最后我们来说说怎么样提高执行力。首先，我们要弄清楚什么是执行力。简单来说，执行力就是对上司布置的任务保质保量地完成，不找借口推卸责任，不讲任何条件。但就是这么简单的事情，却鲜有人做得到。

不仅企业需要有执行力，员工也需要。员工的执行力是指个人要严格服从上司的命令，并把任务付诸实践，最终得到一个圆满的结果。员工的执行力不是天生的，而是通过努力工作、积累经验不断提高的。员工们应该怎样成为执行高手呢？不妨试试我推荐的方法。

第一，员工要提升自己的执行力，就要先提升自己的素质，个人素质包括业务素质和分析、解决问题的能力。对待日常工作，不能依赖他人，不能马虎从事。

在执行任务时，一定会遇到些问题，面对这些问题，你有两种选择：

第一种：有畏难情绪，逃避困难，但是问题依旧存在；

第二种：迎难而上，千方百计解决问题，最后任务圆满完成。

两种选择，两种结果。有的员工常常问自己："为什么别人都能把事情做好，我不可以呢？"除了能力的差异，最重要的还是责任心、执行力的差别。我常常跟我的员工说："观念决定思路，思路决定出路。"发现问题就应该主动思考，积极解决问题，最好把这些体会转化成工作经验，这对提升个人执行力有很大的帮助。

第二，员工想要提升自己的执行力，还要提高自己的思想认识水平。

在工作中，任务的执行力度，往往由员工的思想认知来决定。简单来说，如果一个员工能很好地理解这项工作的精髓，对领导的意图领会得很到位，那么这项工作，他就会完成得很理想。反之，如果一个员工对自己的工作任务产生了抵触心理，消极懈怠，糊弄工作，甚至降低自己的工作要求，那么这项工作的结果一定很不乐观。因此，思想认识到位，是员工提升执行力的源动力。只有观念转变了，才能百分百到位地完成上司交代的任务。

第三，在提高自己的思想认识水平之上，还要弄清楚工作的重点。

员工完成一项任务时，必须要一丝不苟。在明确目标、实现目标的工作过程中，监督、追踪、跟进、考核是提升执行力的有效保证。想要一项任务达到最终的效果，就必须按照工作计划的进度跟进、监督。在监督的过程中发现问题，员工要及时采取措施解决，以免耽误工作的进度。

如果在监督过程中做不到严肃对待，就很容易出现工作隐患，造成职责不明确等问题。有很多公司都施行“绩效考核”，这种举措就是提醒督促员工们要提高执行力。

第四，提升自己的执行力，还要做到诚实守信、做事认真。

在职场中，做事要有一个标准，做人要有一个原则。依靠小聪明、投机取巧是不可能在职场上走得长远的。但是为什么工作中还是有不少员工违反规章制度呢？这就是工作态度的问题。因此，我建议大家一定要用对待自己兴趣爱好的态度来对待工作，这样我们的工作就会变得简单顺利多了。保持一个积极向上的工作态度，工作中的事，是一点都不能马虎的。

第五，提升执行力离不开团队协作和分工精神。

在现代职场中，离了团队是什么事都干不成的。任何一项任务的完成，都离不开团队的互帮互助，分工合作。执行力的存在也需要一个良好的工作环境，这个良好的环境就是自己的工作岗位或者自己的团队。改变工作环境的一个途径就是员工与员工之间，员工和上司之间建立良好的沟通途径，沟通能力提升了，执行力自然就提高了。

第六，员工在工作时要全身心地投入到工作中。

如何全身心地投入工作呢？就必须发扬严谨务实、勤勉刻苦的精神，坚决克服夸夸其谈、评头论足的毛病。真正静下心来，从小事做起，从点滴做起。一件一件抓落实，一项一项抓成效，干一件成一件，积小胜为大胜，养成脚踏实地、埋头苦干的良好习惯。

而没有忘我的工作，好高骛远、作风漂浮，就无法将工作进行到底，对成功就少了一份执着。而拥有执着的精神，在执行中就不会斤斤计较得失，不会吝啬付出和奉献，从而真正地提高个人的执行能力。

永不放弃是指在工作中具有挫折忍耐力、压力忍受力、自我控制力和意志力。永不放弃首先表现为坚强的意志和对目标的坚持，认准的事情，无论遇到多大的困难，仍要千方百计地完成它。另外，在工作中保持良好的体能和稳定的情绪状态，同样体现永不放弃的精神。当处于巨大压力或产生可能会影响工作的消极情绪时，能够运用某些方式消除压力或消极情绪，避免自己的悲观情绪影响他人。因此具有永不放弃的精神也是高效执行力的重要表现。

第七，要做一个有创造力的员工，善于灵活变通地执行。

一个好员工，不会找任何借口，只会找各种方法去完成工作。当然，有时候这种方法可以是一种迂回的、曲折的方法，这就是变通。“变”是成功人士的重要法则之一。很多人之所以处处碰壁，最重要的原因就是不会变通。

变通是有层次的：有的人在小事上很机灵，可以说是“八面玲珑”，而在大事上却很糊涂；有的人对于眼前的利益斤斤计较，而看不到长远；有的人只会“一是一，二是二”，而不会举一反三……这都不是真正懂得变通的人。

真正的变通是遇到困难就要改变，只有改变，才能克服困难，走向成功。变通是我们遇到困难和变化时所采取的方法和手段。这种方法和手段有这样两大特点：一是根据客观情况的变化而改变自己。二是深刻理解了变化原因之后，努力去引导变化、驾驭变化。

我很喜欢日本战国时代的一位政治家丰臣秀吉，他就是一个懂得变通的人。传说在他当政时期，一场暴雨使得河坝出现险情，马上就将溃决。当时情况非常危险，丰臣秀吉立刻赶到现场指挥，鼓舞部下士气。然而要堵住这处即将溃决的河堤必须用土包才能堵塞得住，而土包的制作需要很长时间，雨势却愈来愈凶猛，水位也跟着很快上涨。就在大家议论纷纷、束手无策的时候，丰臣秀吉命令打开米仓，将米袋搬出来，堵塞堤防的决口。由于堵塞及时，避免了更大的灾难。

要是不懂得变通，机械地等着土包制好再来堵堤，估计江堤早溃，损失将会远远大于这一个米仓的米。他的随机应变给了我们一个启示：面对变化层出、意外不断的事情，冷静处理、善于变通，将使问题迎刃而解。

工作中遇到突发困难在所难免，变通思维能让我们产生超常的构思，提出不同凡响的新思想、新观点，最后顺利并且有效地解决问题。好员工既能埋头拉车，也会抬头看路；既能灵活理解上级决策，又可以在工作中灵活执行。好员工不会拘泥于领导决策而死板执行，而是创新上级决策开拓执行，不为困难找借口，只为问题找方法，执行的目的只有一个，那就是更快更好地完成工作和创造效益。

在竞争日益激烈、变化日趋迅猛的今天，创新和应变能力已成为推进发展的核心要素。只有改革，才有活力；只有创新，才有发展。要提高执行力，就必须具备较强的改革精神和创新能力，坚决克服无所用心、生搬硬套的问题，充分发挥主观能动性，创造性地开展工作、执行指令。要敢于突破思维定势和传统经验的束缚，不断寻求新的思路和方法，使执行的力度更大、速度更快、效果更好。只有在日常工作和生活中坚持认真负责，努力改变自己固有一些不良习惯，才能养成勤于学习、善于思考的良好习惯，才会变成一个执行力强的人。

综上所述，执行力不仅是战术层面上的问题，而且也是战略层面上的问题。它是一个系统工程，是一门学问；它必须充分融入企业，渗透到企业的战略规划、经营目标、企业文化、员工素质等各个方面。而要提高企业的执行力，要先提高企业中每一个员工的个人执行力，然后再提高每一个班组、每一个部门的整体执行力。只有这样，才会形成企业的系统执行力。一个执行力强的企业，必然有一支高素质的员工队伍，而具有高素质员工队伍的企业，必定是充满希望、和谐繁荣、持续发展的企业。

第六章

注重细节，力求完美：尽其责就不能放过任何一件小事

在职场上，很多人觉得小事不重要，做小事没有意义，但有时，恰恰是这些小事给工作造成了巨大的影响。天下大事，必作于细。1%的错误有可能带来100%的失败，因此，每一个细节都应该被注意。

1. 工作中从来没有小事

在工作中，我们会听到很多人口口声声说自己要做“大事情”，而他们对自己身边小事情的处理却总是不尽如人意，实际做起事来，往往败在细节上。

一位资深人力资源部经理说：“看一个人是否有责任心，不用从什么大的方面来看，就从那些细微的小事、下意识能做的事情就可以得到答案。”他的话不无道理。

认真观察你就会发现，那些成功者及伟人都是注意细节的人，只有注意细节，方可成功。

今年有三个应聘者来我们公司应聘主管的职位，第一位是海归，第二位是一所普通高校的毕业生，第三位是一所重点大学的研究生。

大家觉得，结果显而易见了，要么就是第一位，要么就是第三位，第二位在两位佼佼者面前，似乎没有竞争力。但是结果恰恰相反，应聘者经过一番测试后，被留下的却是第二位。

在整个应聘过程中，这三位应聘者的专业与经验都各有千秋，难分伯仲。所以，为了选出最合适本公司的人，总裁决定亲自面试。

他提出了这么一个问题，题目为：假设公司派你到某工厂采购 4999 个信封，你需要从公司带去多少钱？

几分钟后，应聘者都交了答卷。第一位应聘者的答案是 450 元。总裁问：“你是怎么计算的呢？”

“就当采购5000个信封计算，可能要400元，其他杂费就50元吧！”第一位应聘者对答如流，但总裁却未置可否。

第三名应聘者的答案是415元。

对此他解释道：“假设5000个信封，大概需要400元左右，另外可能需要15元其他费用。”

总裁对此答案同样保留意见。但当他拿起第二个人的答卷，见上面写的答案是419.42元时，不觉有些惊异，立即问：“你能解释一下你的答案吗？”

“当然可以，”第二位应聘者自信地回答道，“信封每个8分钱，4999个是399.92元。从公司到某工厂，乘汽车来回票价11元，午餐费5元。从工厂到汽车站有一里半路，请一辆三轮车搬信封，需用5.5元。因此，最后总费用为419.42元。”

总裁不觉会心一笑，收起他们的试卷，说：“好吧，今天到此为止，明天你们等通知。”很显然，如果总裁把这项任务交给这三个人，只有第二位才能执行到位。

做大事不拘小节，固然是一种处世态度，但不注重细节很容易出现大问题。无论是在工作还是生活中，我们都必须专注，这就需要我们做事认真仔细，这样才能把事做得尽善尽美。

任何人都不可否认的一个事实就是：伟大生命的内涵往往是由最细小的事物点点滴滴汇集而成的。绝大多数人很少能有机会遇到那种重大的转折，很少有机会能够开创宏伟的事业。而生活的溪流往往是由这些琐屑的事情、无足轻重的事件以及那些过后不留一丝痕迹的细微经验渐渐汇集成的，也正是它们才构成了生命的全部内涵。

所罗门说过，万事皆因小事起。无论做什么事情，细节万万不可忽视，否则就有可能付出极其惨痛的代价。人们都想做大事，而不愿意或者不屑于做小事，事实上，随着经济的发展，专业化程度越来越高，社会分工越来越细，真正所谓的大事实在太少。比如，一台拖拉机，有五六千个零部件，要几十个工厂进行生产协作；一辆福特牌小汽车，有上万个零件，需上百家企业生产协作；一架波音 747 飞机，共有 450 万个零部件，涉及的企业单位更多。

因此，多数人所做的工作还只是一些具体的、琐碎的、单调的事，他们也许过于平淡，也许鸡毛蒜皮，但这就是工作，是生活，是成就大事不可缺少的基础。所以无论做人、做事，都要注重细节。一个不注重细节的人，是不可能成功的。

想要进入一个公司工作，必定经历过多层面试。而面试通过的人，必定是经过公司千挑万选、慎之又慎才会纳入的。去年有一个从北京大学毕业的研究生来公司应聘，他叫王伟宏，有很多新人才会拥有的气质，心中豪情万丈，一心想要鹏程万里。他的条件非常不错，被我们公司顺利录用。不料上班后他才发现，每日无非是些琐碎事务，既不需太多智能，也看不出什么成果，王伟宏的心便渐渐地冷了下来。

一次单位开会，部门同事彻夜准备文件，分配给王伟宏的工作是装订和封套。我再三叮嘱："一定要做好准备工作，别到时弄得措手不及。"他听了很是不快，心想：初中生也会做的事，还用得着这样嘱咐。

同事们忙忙碌碌，他也懒得帮忙，只在旁边看报纸。文件终于交到他手里。他开始一件件装订，没想到只订了十几份，订书机"喀"地一响，订书钉用完了。

他漫不经心地抽开装订书钉的纸盒，脑中"轰"地一声——里面是空的。

王伟宏立刻发动所有人翻箱倒柜找订书钉，不知怎的，平时满眼皆是的小东西，现在竟连一根都找不到。

那时已是深夜 11 点半，文件必须在次日 8 点大会召开之前发到代表手中。

我非常生气，吼道："不是叫你做好准备的吗？连这点小事也做不好，研究生有什么用啊。"他低头无言以对，脸上像挨了一掌。

几经周折，王伟宏在凌晨4点找到一家通宵服务的商务中心，终于赶在开会之前，将文件整齐漂亮地发到代表手中。

事后，他灰头土脸地等着我训斥，我却只说了一句："记住，工作面前，人人平等。"王伟宏后来回忆说，那是他一生受用不尽的一句话。他深刻地领悟到：用十分的准备迎接三分的工作并非浪费，而以三分的态度来面对十分的工作，将带来不可逆转的恶果。"因为，"他郑重地说，"千里马失足，往往不是在崇山峻岭，而是在柔软青草地。"

在通往成功的路上，真正的障碍，有时只是一点点疏忽与轻视，比如，那一盒小小的订书钉。因为每一个细节，其实都是责任链上的一环。一个企业就像一台高速运转的机器，任何一个零件出现问题都有可能带来毁灭性的灾难和不可挽回的损失。如果员工不能尽职尽责地做好自己的工作，任何一点小小的失职都可能造成巨大损失。在现实生活中，许多不该犯的错误、不该发生的事故，归根结底都是责任链意识缺乏造成的。一方面，个人缺乏责任感，直接降低整体责任链的强度，导致工作中隐患不断。另一方面，又总认为自己不过是一个节点而已，还有其他若干环节、关口，因而未能更多地尽职尽责，这种责任依赖很容易导致工作中漏洞百出，甚至造成重大失误。

所以，即便你初入职场，所做的工作是多么不起眼的小事，你都应该认真对待它，尽职尽责地做好它，这样才会使自己得到成长，以后有机会做更大的事情。一个普通职员，如果希望有一天能得到升迁或者重用，首要条件便是做好工作中的每一件小事，把自己的本职工作做得有声有色，使业绩超过所有的人，然后才有希望被重用和获得做大事的机会。

小事决定成败，虽然不是说任何一件小事都可决定成败，但如果你忽略它，它便会成为你失败的最大祸根。如果你不幸养成了忽视细节或不注重小事的坏习惯，那么发生在你身边的小事绝对可以决定你一时甚至是一生的成败。

从小事做起，才有机会做大事。在任何一份工作中，每一件事都值得我们去做，值得我们去研究。即使是再小的事，我们也不应该敷衍应付或轻视懈怠，相反，应该付出热情和努力，全力以赴、尽职尽责地做好它，并养成良好的习惯。

当今社会，几乎所有的年轻人都胸怀大志，满腔抱负，但是成功往往是从点滴开始的，甚至是细小至微的地方。责任就在小事中，责任就在细节里。对小事不负责，就是对工作不负责，就是对岗位不负责，就是对自己不负责，对企业不负责！

2. 岗位安全，半分也不能忽视

岗位就是责任，岗位安全更是自己的责任。在我们的团队里，我对安全的重视一直都是排在最前面的。作为公司的领导，我肯定比大多数人更明白安全的意义，更懂得安全的重要性。

安全是什么？对于企业来说，安全是生产的前提，安全是效益的基石，安全是一切工作的重中之重；对于员工来说，安全是生命的保障，安全是幸福的源泉，没有安全就没有一切，人的一切活动都建立在安全之上。没有安全，社会不可能有安定的局面，国家也没有稳定可言，企业无从谈效益，个人无从谈发展；没有安全，所有的一切都找不到依附之处，都是空无，都是虚妄，生命、创造、幸福、成就……一切的一切，如果没有安全做保障，做基石，做前提，就都只能是空中楼台，是水月镜花。

正是深刻地认识到了安全的重要，我们公司才会把安全置于重中之重，对岗位安全有非常明确的规定和细则，对不同岗位的操作及使用说明。每一位工作人员上岗前都必须进行培训和考核，通过考核之后才可以上岗，否则将调岗或劝离。这只是第一步，确保安全规则深刻在每一个员工的脑海中。

第二步是在工作环境中，我们为每一个部门设定了不同的周、月、季、年度安全考核标准。当各个部门因为各种原因达不到考核时，该部门将受到相应的惩罚；反之，当部门达到标准或者超出标准考核时，也会有不同级别的奖励。我们公司采取相应措施，保证安全规则在实际操作中发挥其效力，真正做到把“安全”二字印在每一个员工的心中。

公司之所以如此重视安全，为员工设立各种安全制度，就是为了保证员工的岗位安全，保证他们在岗一分钟，就能安全六十秒。因为岗位安全，半丝半毫都不能忽视，一旦忽视，就会出事故，一出事故，就会有伤亡，就会有损失，就会有惨不忍睹的生离死别。

发生在2015年8月12日的天津港危险品仓库火灾爆炸事故是一起特别重大的生产安全责任事故。此次事故造成165人遇难，8人失踪，798人受伤住院治疗，304幢建筑物、12428辆商品骑车、7533个集装箱受损。据统计，截至2015年12月10日，已核定直接经济损失68.66亿元人民币，其他损失尚未最终核定。除此之外，此次爆炸事件，还对大气环境、水环境、土壤环境、特征污染物环境产生了非常大的影响，这些也将对生活在此次事故周边的人民产生不可估量的影响，而环境监测总局也需要开展中长期环境风险评估，以判断事故对人群健康的潜在风险与损害。

仅仅一次事故，却如烙印一般，深深地刻在全国老百姓的心中。这起事故是因为操作员工操作不当，恰逢事发当天气温偏高，集装箱内不宜散热，使其内部温度达到化学产品的自燃温度，引发了自燃，并发生了第一次爆炸。而在距第一次爆炸点约20米处，又有多种易燃物品，于是迅速引发了第二次更剧烈的爆炸。

在这次事故中，我们可以看到很多漏洞，例如公司的违规经营、员工的不当操作、物品的摆放、安全知识的灌输等。这些违规行为无一不是在给我们敲响警钟。

岗位安全是员工日常安全中最重要的内容，因为上岗就是上班，这是员工的工作，也是员工的职责，更是员工赖以生存的饭碗。员工大部分的时间都在岗位上，保证了岗位安全也就保证了员工的工作安全，这是安全生产的核心内容。

要保证岗位安全，最重要的就是要遵章守纪，做到坚守责任，严格按照安全手册和企业规章制度、岗位安全规程办事，做到不违章作业，也不违章指挥，更不违反劳动纪律，坚守岗位职责，尽心尽力做好岗位工作。

责任心是生命的前提。如果人人都拿出十分的责任心，很多事故都不会发生。责任重于泰山。有责任，不等于就尽到了责任。职务的本质是责任，岗位的本质也是责任。有职务和岗位就有责任和使命，不能尽职尽责，就叫失职失责。不少事故、灾祸、悲剧的产生，并非天灾，而是人祸。人祸往往是由人的责任感丧失引发的。

所以，在其岗就要尽其责，就要重视岗位工作中的每一个细节，半丝半毫也不能忽视。因为魔鬼就藏在细节里，稍一忽视，藏在细节里的魔鬼就会跳出来伤害我们。关于这一点，我讲两个小故事吧：

一次，一支登山队准备攀登一座雪山，专家提醒说，别忘了多带几根钢针。因为在高寒的雪山上，燃气炉的喷嘴极易被冰雪堵塞，需用钢针疏通。负责准备工作的一位队员没有听从专家的忠告，认为有一根针就够了，不就是扎一下吗？结果他只带了一根针。遗憾的是，问题恰恰出在这根小小的钢针上。那根钢针在通炉眼儿时不幸折断，燃气炉无法使用，致使全体队员断炊，陷入绝境。

另一个故事：一位勇士长途跋涉攀登一座高峰，恶劣的气候，陡峭的山壁，难耐的孤寂，疲惫和饥寒都没有阻挡他攀登高峰的步伐。不知道什么时候，他的鞋里掉进了一粒沙，可是在勇士眼里，它实在是太微不足道了，勇士觉得自己没有理由为一粒沙耽误时间，于是他继续前行。后来他发现沙子越来越磨脚，并伴随着钻心的疼痛，他只得停下清除沙子。然而，为时已晚，他的脚已经破皮、红肿，沙子清除后，伤口又感染了……最后，除了放弃行程，他别无选择。

看到了吗？这都是细节中的魔鬼在作祟。沙子虽小，不能像巨石般挡道，也不可能把人绊倒，但登山途中却成了勇士的“高峰”。同样，在安全问题上，每一个岗位、每一个流程都有可能成为管理中的沙子，如果我们看不到其中潜藏的危机，不能及时将其取出，事故就不可避免。“细节”向我们递来打开成功之门金钥匙的同时，也无时无刻不在窥探着我们每一个哪怕是最细小的失察与疏忽。人性的许多弱点，都是“细节”这个“魔鬼”赖以生存和逞凶的温床，像拖延懒散、侥幸心理、不负责任、不良习惯等，如果不加以克服，往往就会让我们成事不足败事有余。

所以，在我们公司，安全永远是第一位的。公司每年还要举行多次安全活动，开展“我的岗位我负责，我的安全请放心”等活动，狠抓岗位安全教育和管理，学习《安全操作规程》，严纠安全责任心不强、麻痹大意、习惯性违章等不安全行为，要求每一个员工时时把安全放在心上，着力提高自己的安全责任意识，把安全责任当成自己的职业使命，任何时候都把自己的岗位安全责任牢牢地守住。因为岗位安全，确实容不得半分半厘的疏忽！

3. 抓好工作的每一个细小环节

细节只有被我们注意起来的时候，我们才能够真正地执行到位。

海尔提出了著名的 OEC 模式，其含义是全方位地对每人、每天所做的每一件事情进行控制和清理，做到“日事日毕，日清日高”。

OEC 模式为海尔的管理风格奠定了基础，即严、细、实、恒。所谓的严，即严格要求，“日日清”工作法要求所有的体系、所有的员工必须严格按规定的内容、时间、标准，逐日进行清理，对工作中的成绩与缺陷严格奖惩。细和实，即分工细、责任实。“日日清”工作法在对所有的事物进行分解中，都强调 3 个“一”，即分解量化到每一个人、每一天、每一项工作。不管是大的机器设备，还是一小块玻璃，都要清楚地标明责任人与监督人，有详细的工作内容及考核标准，形成环环相扣的责任链，做到了奖有理、罚有据。恒，即持之以恒。

海尔认为，企业和每个员工可以做好一天的工作，但要想每天都做得好，就是一件难事。“日日清”工作法就是要通过每天的清理和总结，坚持把企业每天的各项工作做好，力求实现天天好的理想目标。

去过海尔生产车间的人都会发现，在车间入口处和作业区显眼的地方，总会有一块 60 厘米见方的特别图案，红框、白芯，白芯上印着一双绿色大脚印，人称“6S 大脚印”。站在这个大脚印上往前看，正对着一块牌子，写着“整理、整顿、清扫、清洁、素养、安全”，这 6 个词的英文开头都是“S”，所以这个油漆方框叫作“6S 自检站”。

每天班前会上，车间的班长都会站在这里总结当天的6S工作，较差的员工也要站在脚印上反省自己的工作。

由此带来的效果是，任何人参观海尔的生产厂房时，感受到的都是其“大事细做”的作风。厂区内每一块玻璃都擦得一干二净，地板通透得像一面镜子，机器设备无一丝灰尘；人们身着清一色的淡蓝海尔工作服，在岗位上聚精会神；见面时会轻声示意，车间里只能够听到机器响动的声音，产品一台接一台上上下下，却没有任何的喧哗和躁动。

曾经，日本一家公司准备在大陆投资，考察了国内60多个工厂后，毅然决定与海尔合作。事后，日本这家公司的老板说了一个极简单的原因：他在参观海尔公司的生产线时，趁人不注意时捏了一下备用的模具，竟未见一丝灰尘。就凭这一点，日本老板用没沾灰尘的手与海尔签订了项目合同。

有句话说得好，细节创造优势，细节凝聚效率。一个企业要想做大做强，就必须从细节抓起，做好企业的每一个细微之处。员工要想升职加薪，就更要从细节做起，不要让你的经验挡住你的视线。你要做的就是保持清醒，注意好每一处细节。

世界著名建筑大师密斯·凡·德·罗在设计大剧院的时候，精确地测算了每个座位与音响、舞台间的距离，以及因此导致的不同听觉和视觉的感受，并根据每个座位设计了最合适的摆放方向、大小、倾斜度、螺丝钉位置等。当他被要求用一句话描述其成功的原因时，他回答说：“魔鬼在细节。”

魔鬼在于细节，职场在于细节，人生在于细节，当我们开始工作的时候，就要知道，细节是天使也是魔鬼。当我们重视细节的时候，它就是天使；当我们忽视细节的时候，它就是魔鬼。把握好细节，你的工作才能做好。

我们在招标一个食品合作公司时，摸底了几个实力雄厚的公司，其中，还参与了一场质检员的招聘面试。我们的人事专员谢东赶去参与了这次面试并通过了初试。3 天之后，他又赶去复试。谢东发现，复试现场来了 20 多人，而公司只需要录用 4 个人。

这时，面试官拿出公司的一篇宣传文章，要求所有复试者在 30 分钟内看完，并且用最简单、最精练的话写一篇读后感。之后，面试官会和每个复试者进行面谈。

30 分钟过去，大家起立，打算把试卷交上去。这时面试官说，不用了，其实面试已经结束了，他已经有了确定的人选，他们分别是 5 号、10 号、12 号、20 号。

这让所有复试者都感到非常诧异，他们大吵大闹，想要听面试官的解释，他们认为这次面试其实就是一个幌子，4 名录用员工全都是公司内定的。

面试官非常平静地看着众人："大家少安毋躁，其实，在这 30 分钟里，我们安排了一次干扰测试，我们的目的就是为了考察各位的抗干扰能力。其实，在这 30 分钟里，发生了很多事。在最开始的 5 分钟里，我们这些考官都在四处巡视，在此期间，我们发现有十几个人都曾不止一次抬头看过考官；接下来的 10 分钟里，考官故意和一名工作人员大声吵闹，这时，又有 8 个人抬头关注了不下 7 秒钟；紧接着，到第 20 分钟的时候，考官就开始假装和董事长打电话，接着，我们就发现有 90% 的面试者都开始转移了注意力。当然，我们最后的结论是从监控中得来的，只有我们选择的这 4 位是抗干扰能力最强的，而其他一些面试者和我们的要求还有一定的差距，还没有使自己能够达到绝对'绝缘'的状态。"

面试官继续说："我们是全国知名食品企业，我们需要的是抗干扰能力非常强的人。我们不希望不合格的食品走下流水线，这对公司来说，是一件无法弥补的损失。如果你们连 30 分钟都无法安定下来，难道你们就能在枯燥的流水线上稳如泰山吗?”

吵闹的人群安静了下来，一些人羞愧地低下了头。

在企业中，任何一个细节都是我们不能忽视的，任何一个微小的细节都可能让我们与机会擦肩而过，任何一个细节都有可能左右我们人生的发展。不要忽视细节，因为当我们对细节失去感觉的时候，等待我们的将会是失败给予的最有力的打击。

我们公司在招聘员工时，也是从细节出发。

小胡和小张同时应聘进了我们公司。因为公司待遇优厚，个人的发展空间也很大，他们俩都很珍惜这份工作，拼命努力以确保顺利通过试用期。因为公司规定的淘汰比例是1∶1，也就是说，他们俩必须有一个人在三个月后被淘汰出局。

小胡和小张都咬着牙卖劲地工作，上班从来不迟到，下班后还要经常加班，有时候还帮着后勤人员打扫卫生、分发报纸……人事经理是一个和蔼可亲的人，他经常去两个人的单身宿舍和他们交流、沟通，所以两人特别注意个人卫生，都把各自的宿舍整理得干干净净。

三个月后，小胡被留了下来，小张悄无声息地走了。

半年后，小胡被提升为部门主管，和人事经理的关系也亲近了起来，便问经理当初他和小张表现几乎一样，为什么留下来的是他而不是小张。人事经理说：“当时从你们中选拔一个的确很难。工作上不分高低，同事关系也很融洽，能力也都不弱，而且都非常有上进心。所以我就常去你们宿舍串门，想更多地了解你们。结果我发现了一个现象，凡是你们不在的时候，小张的宿舍仍然亮着灯，开着电脑。而你的宿舍只要人不在灯便熄着，电脑也关着，所以我们最后确定了你。”

不要忽视任何一个细节，一个墨点足可将一整张白纸玷污，一件小事足可招人厌恶。在现代激烈的职场竞争中，细节常会显出奇特的魅力，它不仅可以提升你的人格，增加你的工作绩效指数，还可使你博得上司的青睐，获得更好的机会。

其实，小事本身就潜藏着很好的机会。如果你能从中敏锐地发现别人没有注意到的空白领域或者细小环节，以其为突破口，机会自然会掌握在你的手中。

细节是一家企业赖以生存的根本，是一名员工不断成长的必要保证。人生需要激励，更需要细节做铺垫。作为一名员工，我们自己要重视细节，要保证自己在细节的督促下成长起来，只有如此，我们才会变得优秀，公司才会变得强大。

4. 任何时候都不能“马虎”和“差不多”

很多管理学家说过：工作中绝不能有“马虎”和“差不多”，因为“马虎”“差不多”是不负责任的表现，是敷衍工作的借口，是阻挡工作向着更好进发的拦路石，更是毁掉成果和效益的罪魁祸首！我对此感受尤其深刻，因为我的公司就曾深受其害。

那时我刚创业不久，公司很小，业务不多。有一次好不容易将一个大的订单抢到手里。然而，由于时间紧任务重，所有的人员都不得不加班加点地干，弄得大家疲惫不堪。好不容易完成了任务，最终检验时我就放松了一下，没有认真检查，就问了一下经手的销售经理“一切都齐备了吧”，销售经理说“应当差不多了”。我没多说就签了字，好在终于完成了任务，心里光顾着高兴了。

可是，商品刚运给客户，对方就打来电话，气急败坏地对我们的工作责备不休。原来，这些产品并没有质量上的问题，却在包装上出了问题。当时大多数人只把重点放在了赶制产品上，却没有仔细检查外包装，哪知道包装上面客户公司的名字印错了一个字。没办法，我们只能再次加班，全面更换新的包装，还因此赔偿了客户那边因为延迟交货而受到的损失。一笔大单，不仅没能赚钱，还赔了不少！

本来很简单的事情，却因为一时疏忽，几乎全盘皆输。根本的原因就在于那一点点的“马虎”，那一丝丝的大意，那刹那间的“差不多”！

什么是“马虎”？做事草率、不认真、粗心大意、只满足于过得去，不求过得硬。由于“马虎”成了一种习惯，于是便形成了一种可怕的“马虎病”，变成了“差不多先生”。“马虎”的实质是职业道德差，没有敬业精神，缺乏工作责任心，没把工作放在心上。这样的态度，如何能做好工作？

一个人一旦患了“马虎病”，变成了“差不多先生”，便会用差不多的态度对待工作。老话说“差之毫厘，谬以千里”，“差不多”其实是差很多。毫厘之差，天壤之别。比如在竞技场上，冠军与亚军的区别，有时小到肉眼无法判断；短跑的第一名与第二名有时仅仅相差0.01秒；又比如赛马，第一匹马与第二匹马相差仅半个马鼻子，几厘米而已。然而，第一名与第二名所获得的荣誉与财富却是天壤之别，全世界的目光只会聚焦在第一名的身上。

在工作中，“差不多”的心态容易造成细节上的疏忽，而就是这些细节常常能引起很大的麻烦。因此，我们要时刻注意细节，防止因为细节造成不必要的麻烦。不然，就会尝到粗心大意的苦果。

我的秘书小刘讲过她以前在一家文化公司的经历。

那时候她在一家文化公司从事文案工作，几乎每天都要做活动策划、写方案、排版、校稿等文字工作。当时他们公司有三本杂志，她校稿时发现，有三篇文章很相近，而且都提到了某一产品的市场满意率，一本写的是99%，另一本却是98%，还有一本写的是97%。当时她心想既然分属三本不同的杂志，问题应该不大，差不多就行了，就没有标识出来，也没有询问就直接呈交副总审核。结果不一会儿副总就拿了校样回来狠狠地批评了她，而且批评的正是她认为差不多的那三个关于满意率的问题。

“杂志不可能面面俱到，但工作就要时刻注意细节，不要感觉差不多就行了，虽然是不同的杂志，但读者或客户看了不是一头雾水吗——数字到底是多少？相同的产品怎么会有不同的市场满意率？哎，这不是要毁掉我们杂志的声誉吗？”

她听了心中大为震动，不仅立即改正了这一错漏，也从此养成了严谨、细致、绝没有一丝一毫马虎、绝没有任何差不多想法的习惯。因而，她现在也是我最信得过的秘书。

马虎、大意和差不多，只会让结果差很多。所以，任何时候都不要马虎，不要差不多，任何时候都要有严谨、细致、精确的态度，才能真正把事情做到完美，真正让自己的工作无懈可击。

这方面，德国人应当是我们的榜样。德国人的精细世界闻名。这也是德国人制造精密仪器的技术领先全球的原因。

德国有一个刀具制造商，从刀柄到刀刃，都追求完美。在我们看来仅仅是一把普通的刀，却有40多道制作工艺。即便如此，他们还在不断研制新的工艺，使刀刃不仅能保持锋利，而且抗腐蚀能力特别强。除此之外，他们还做过一把刀。这把刀是从一整块铁上面锻造出来的，他们由此开发出一种改变刀具生产标准的工艺：烧结金属合成工艺，该工艺能将三种不同功用的钢材料完美地结合在同一把刀上。这样，刀的质量就有了决定性的提高。刀的每个部分都由其最合适的钢材料组成，通过另一种特殊的钢材料加工工艺，该制造商又开发出了独一无二的涂层技术，开创了切削技术的新纪元。该工艺使刀刃锋利无比，且无须日后磨刃也能始终保持锋利。

这就是世界上鼎鼎有名的德国刀具大亨——双立人。它所造就的已经不仅仅是刀具了，更是超越自我、不断提升的专业度。

在墙上钉一幅画，德国人通常会拿尺子量，以确定钉子的具体位置。但在我们眼里，用尺子量显然是个笨办法，仅仅用目测就可以差不多弄好，为什么还要用尺子呢？

这种思想出现在实际工作中，就表现为马马虎虎、得过且过，对一些深入的问题懒得思考，对隐患不去避免，总觉得问题“差不多”解决了就行，就算能够做得更好也不会去做。这样的态度，怎么可能做好工作？怎么可能百分之百地负起自己的责任，站好自己的岗位呢？

不要总是认为把工作做得差不多就可以了，实际上，把工作做得差不多还远远不够。如果想让自己在工作中取得更大的成就，就要严格要求自己，要精益求精，尽量把工作做得完美。

完美是一个绝对的概念，也是一个相对的概念，绝对的完美不存在，但是相对的完美是我们能够达到的。每一次进步，相对进步之前就是完美的，之前的水平成了“差不多”；每一次改正，相对改正前就是完美的，之前的错误就是“差不多”。追求完美实际上就是一个精益求精的过程。

艺术家在创作的时候，总是不断地修改自己的作品，直到达到心中完美的结果。工作的过程也是一个创作的过程，和艺术家创作的时候一样，都需要精益求精的精神。没有最好，只有更好。只有把脚下的每一步尽可能地走好，把自己岗位的工作做到位，才能不断地提高自己，事业才能取得长远的发展。

我有一个朋友在东北开了一家木材公司，他们的经营项目是成批地进口木材，然后在国内市场批发销售或者零售。有一次，朋友因为上了一个经销商的当，承接了一批以次充好的木材。这批木材的数量之多，几乎花费了公司的全部流动资金，因而木材的销售情况直接关系到公司的生存和发展。

就在这笔生意谈判的过程中，这批木材的质量问题曾经被他们公司的一个职员发现。这个职员是木材加工专业的毕业生，他对木材的专业知识还是略懂一二的。但是他平时工作并不积极，本职工作做得马马虎虎，和自己岗位没关系的事情干脆就不闻不问。

当他看到这批木材后，虽然很快就发现了其中的问题，但是由于劣质木材中还有个别的好木材，他就把劣质木材给忽略了。“有点毛病就有点毛病吧，不是还有能用的吗？差不多就行了。”就这样，他选择了沉默。

这笔生意最后还是成交了，当公司将这批木材在国内销售的时候，才发现木材有严重的质量问题，绝大多数卖不出去。这次的损失让木材公司几乎倒闭。事情发生后，那个职员不仅没有及时总结自己的问题，还在背后议论这件事："其实，我早就发现这批木材有问题，可是里面还是有没问题的木材，我也没仔细数哪个多哪个少，反正有能用的，差不多就行了。"

这个职员的话传到了我朋友的耳朵里，他非常气愤，虽然这次的损失不是由这个职员造成的，但是他完全有能力阻止这件事情的发生。身为公司的一员，避免公司受到损失应该是一件义不容辞的事情。这样一个做事不认真、干什么都马马虎虎的人，即使他在专业上很有能力，但是他的能力不能够为公司做出贡献，那么这些能力还有什么意义呢？因此，我的朋友果断地解雇了他。

看过上面的例子，再看看我们周围的一些人，甚至想想我们自己过去做事的点点滴滴，是不是或多或少都能找到木材公司职员的影子？每个企业都存在这样的员工，他们每天按时打卡，准时出现在办公室，却没有及时完成工作；每天早出晚归、忙忙碌碌，却不愿意把工作做得精益求精。对他们来说，工作"差不多"就行了。殊不知，差不多，其实就是差很多。

追求完美是一个坚持不懈的过程，追求完美不能停留在口头上，我们首先应从自己做起，从现在做起，改掉"差不多"的毛病，努力把自己的本职工作做得比昨天更好，然后才能做到比别人更好。做事就要做到精益求精，把那种"差不多"的思想彻底丢到垃圾桶，不要让这种思想耽误了目前的工作，更不能耽误将来的事业。每一步都做到精益求精，最后必定是一件精品。

5. 上班迟到也不是小事

小错不改，终铸大错。

金无足赤，人无完人。在漫漫人生路上行走，我们难免会犯各种各样的错误。犯错误是不可避免的，但是知错就要能改，小错如果不改，就会变成大错，最后就会积重难返了。也许我们认为不注意细节没关系，只要大的方面没有疏漏就可以了。但是，正是因为有这样的思想，我们才会把小错变成大错，最终走向失败、走向灭亡。

我有一个朋友，他的公司经营初期业绩很不错，经过一段时间的上升期，他公司的生意越来越红火，公司上下的人都很忙碌，以至于技术员天天迟到都没有人发现。

刚开始，技术员只是迟到几分钟，大家一上班都忙着自己的事情，偶尔看到技术员的工位上没有人，其他员工也不过问。

后来，技术员迟到的时间越来越长了，但是大家依然没时间管他，只是偶尔电脑坏了找不到人修理的时候，抱怨一下。

后来，技术员迟到得越来越明目张胆。朋友发现了这一行为，打算开除这个技术员，但由于很多项目都等着他签字，这件事就耽搁了。

在第二周的客户会议开始之前，所有人都等着技术员调试设备，然而，这次技术员依旧迟到了，耽误了客户的时间，朋友非常生气，立马把技术员解雇了。

技术员迟到了，朋友作为管理者并没有马上做出惩罚措施，这就给别人一种心理暗示：就算迟到再久都不会有人管我。这样的情形在企业里屡见不鲜，有些员工犯了一点儿小错，管理者有时候是因为没发现，有时候却是因为懒得去管，这样一来，员工在心里就会觉得："我犯小错没人管我，那么，我犯大错也不会有人管了？"这样一来，公司里投机取巧的人就会越来越多，管理也会越来越难。

管理者应该防微杜渐，发现员工犯了错误，不管大小，都应该及时制止，不能让其他员工再犯同样的错误，更不能让小错误扩大化。

很多时候，大错的由来就是因为对小错的纵容。公司里的管理者应该重视员工，善于发现他们的错误，及时制止，这样，他们才会及时改正。对待员工的错误，如果公司管理者只是听之任之，就会让员工产生侥幸心理，认为自己投机取巧取得了成功，就算再这么做下去也不会被发现。

老子曾说："天下大事，必作于细；天下难事，必作于易。"海尔总裁张瑞敏说过，把简单的事做好就是不简单。伟大来自平凡，如果我们不严格要求自己，只会让自己走向平庸。细节决定成败，细节上犯了错误，最好的办法就是及时改正，让错误及时消散于无形，这样，工作才会避免磕磕绊绊，变得更加顺利。如果你是员工，一定要注重细节，一些微小的地方往往隐藏着巨大的危机；如果你是老板，就更应该注重细节，因为公司发展离不开细节，只有把简单的事情处理好，公司才会变得强大。

在工作中，任何一个人都有自己的职责范围，有些人负责一些比较重要且引人瞩目的工作，也有些人负责一些不被重视的琐事。

对大部分人来说，工作都是由无数小事构成的。士兵所做的工作，就是每天的队列训练、战术操练、巡逻以及擦拭枪械；酒店服务员每日的工作就是对客人微笑、回答客人提出的问题、打扫房间以及整理床单。你每日所做的或许就是接听电话、整理报表和绘制图纸。因此，当你在工作中犯了错误时，往往都是一些很容易忽略的小错误。面对这些小错误，你要是为自己开脱，那你就错了。如果去了解那些成功的人，你会发现，他们都有一个共同的特点：工作中没有小错。

我的朋友阿蓝是一名设计师，她从国外学成归来后开了一家自己的服装品牌工作室。她的衣服不仅质量好，价格也很公道，因此很多人慕名而来。

有一天，一位大姐去她那里定做了一套旗袍，她做完以后才发现，袖子比大姐定做的长了半寸，但大姐马上就要来拿这套礼服了，她已经没有再修改礼服的时间了。

没多久，大姐来到了店里。她穿上旗袍，在镜子前转来转去，对阿蓝的手艺非常赞赏。当她要付钱时，阿蓝说："大姐，我不能收您的钱。非常抱歉，我将旗袍的袖子做长了半寸。要是您能再给我一点时间，我会将它修改好的。"但是大姐即刻就要穿着礼服去参加一个晚会，因此根本没有时间再进行修改了。大姐表示自己非常满意这套礼服，就要付钱离开。虽然她不在乎那半寸，可阿蓝无论如何都不肯收大姐的钱。正是这种敢于承认错误、勇于承担责任的工作态度，后来阿蓝成了一名小有名气的服装设计师。

阿蓝之所以能够取得成功，就在于她从不因为错误小而不当回事，相反，她总是认真对待每一个小错误，不放过任何能将事情做得尽善尽美的机会。

现代社会中，有很多眼高手低的年轻人不愿意脚踏实地地工作，即使工作中出现了一些小问题也不愿意深究，总是抱着得过且过、无所谓的态度。长此以往，当出现大的错误时，他们便会习惯性地推卸责任。这种人会在事业上获得成功吗？他们到任何一家公司上班，都不会受欢迎的。

任何一个想在职场中有所作为的人，都要时刻意识到：责任不分大小，工作没有小错。一个勇于承担责任的人，首先应该从小错误开始，重视自己犯下的小错误。带着责任感去改正那些小的错误，你会收获很多。

第七章

团结合作，广结人缘：尽职尽责更需要合力“共赢”

现在的企业越来越重视团队的合作，企业中几乎没有能不依靠团队、单枪匹马地完成任务的员工。职场上有一些能力非常强的人，他们孤军奋战，累死累活也没有做出多大的成绩。其实他完全可以凭借团队的力量让自己更优秀。

1. 摒弃“独行侠”思维，积极融入到团队中去

有一个刚毕业的女生参加我们公司的招聘。她的履历和表现都非常出色，一路过关斩将，轻而易举地就冲到了最后一关，我们也非常期待她更好的表现。最后一关的题目是以小组形式集体面试。可是每当主考官提出问题，这个女生总是抢先他人，滔滔不绝地回答一番，伶牙俐齿且气势咄咄逼人，根本不给小组其他成员一点发言的机会。

面试结束后，看得出来，她是自信满满地走出考场的，她应该是预计录取的人员非她莫属了。然而，过几天招聘结果出来了，她落选了。也许很多人会感到非常意外，不知道她到底犯了什么错误而名落孙山。后来大家从人力资源部的人员口中得知，人力资源经理认为尽管这个女生各方面能力都很突出，但是在最后一轮面试中，很明显可以看出她缺乏团队精神，这样的人在公司中工作，对公司的长远发展没有好处。

难道团队精神有这么重要，以至于一个才华卓越的应聘者缺乏它就要遭到淘汰？没错，即使你能力再强，但相比优秀的团队力量来说，也是小巫见大巫。仅仅依靠个人的力量是难以成就大事的。

企业里，每一个岗位都是一份责任，整个企业的责任圈是由每一个岗位责任组成的。企业中的每一个人都有这样一个责任圈：首先，我们最基本的责任就是做好自己的本职工作，这是根本。其次，随着分工的精细化发展，我们与周围的同事合作才能更好地落实责任，这就要求我们对自己的工作负责的同时，还要承担起对同事的责任。再往外延伸，企业就好比

我们的船，作为同一条船上的人，企业的兴衰直接关系到我们的利益，我们必须树立“企业兴亡我的责任”的意识，对企业这条大船负责，自觉落实责任，为这条大船保驾护航。再次，客户是我们生存的土壤和源泉，只有对客户负责，让客户满意，我们才能获得更多发展资源，企业的发展才不会是空中楼阁。最后，我们是这个社会中的一员，我们的发展与社会息息相关，企业的产品质量直接关系到社会的和谐，每一个负责任的人都应该以高度的责任感对自己的生态链担负起最基本的责任。所以，融入企业团队，也就是融入企业的责任圈，不仅对自己负责，更是对企业负责，对社会负责。

每个团队成员对于团队来说都是非常重要的，他们就像是团队这部大机器中不可缺少的零部件。只有团队中每个人都共同朝着一个目标努力，做好自己的分内事，才能使整个团队创造出辉煌的业绩。然而，有许多人都像红玫瑰一样自命清高，总认为别人对自己一点作用都没有。其实，我们每个人都有需要他人的地方。一个团队的成员不应该只注意个人名下的辉煌业绩，而是要看到自己背后的团队支持。企业发展最终靠的是全体人员积极性、主动性、创造性的发挥，有团队才有个人，每个人都要积极融入团队中。

一个人的力量就像一滴水，如果不能及时融入团队这个大海中，那么终究是要蒸发的。尤其是在这个知识经济时代，竞争已不再是单独的个体之间的斗争，而是团队与团队的竞争、组织与组织的竞争。任何困难的克服和挫折的平复，都不能仅凭一个人的勇敢和力量，而必须依靠整个团队。

一个人是否具有团队合作精神，将直接关系到他的工作业绩。几乎所有的大公司在招聘新人时，都十分注意人才的团队合作精神，他们认为一个人是否能和别人相处与协作，要比他个人的能力重要得多。所以说，真正优秀的员工不仅要有超人的能力、骄人的业绩，更要具备团队精神，为团队整体业绩的提升做出贡献。能力再强的人，如果没有团队精神，他的发展前景也难以尽如人意。

有一个能力很强的员工，在一次与客户的谈判中表现突出，为公司创造了良好的效益，得到了经理的高度赞扬。于是他觉得自己非同一般，能力超群。之后，他在日常工作中，不再像以前那样和其他同事交往、沟通，而是总摆出一副自命不凡、自高自大、目中无人的样子，在公司里独来独往。这位员工的态度使得同事们渐渐疏远了他，都不愿意与他合作。于是，他成了被孤立的人，在许多事情上都陷入了极其尴尬的境地。

这位员工单打独斗，成了独行侠，再也做不出以前的业绩了。不仅如此，这名员工的自以为是，其实就是对团队合作的不屑一顾。事实上，团队是一个人得以生存和发展的根基，只有不断地和团队成员交流经验，取长补短，才能使自己有更大的发展。

融入团队还能给我们带来很多好处。

一方面，团队能给我们带来安全感，尤其是我们还在职业生涯初期时，还处在对职业探索阶段时，我们要在探索中学习经验、知识和技能。当我们感到资源不足时，团队能给我们提供学习机会、修正错误的机会和发展空间。直到职业生涯中期以后，我们的经验、能力和资源都很充足了，才可能自立门户或自行创业。即使如此，在团体中的安全感仍大于“单打独斗”。

另一方面，团队能满足我们的心理需求。我们从团体中可以得到归属感、亲和力、自尊心以及自我实现等心理需求。归属感及亲和性，是因为工作场所已经构成了一个小型的社交、联谊中心，当我们受到挫折时，会有人安慰，甚至会有人为我们打抱不平；当我们得到奖赏时，会得到很多人的恭贺和祝福。这些心理上的需求满足，能激发我们更大的创造欲望，能使我们更充分地发挥自己的才能，甚至激发出我们自己都不知道的潜能。

但是，在一些企业，总有些人抱怨自己怀才不遇，感慨工作环境不好，因为无法融入团队而频繁地跳槽。这样的人往往也不是在行业中做得非常优秀的，原因就是没有找到自己与工作不合拍的根本原因，也就没有从根源上想办法去解决频繁跳槽的问题。

其实，在一个团队中，每个成员的优缺点都各不相同，我们生活在团队中，就应该多积极主动地寻找团队成员优秀的品质，并且学习他们的优秀品质。对于团队成员身上存在的缺点，我们应该引以为戒，防止自己身上也产生这些缺点，如果自己身上已经有这些缺点了，就及时改正。我们可以常常反省一下自己每天的生活，想一想为什么有人对你冷漠了，为什么有人对你的言辞有些犀利等，然后分析原因，找出自己身上的不足，及时改正。这样就能使自己品质和能力逐步提高，让自己的缺点和消极态度在团队合作中被消灭。

如果不注意总结，不了解自己的优缺点，做出的事情有失偏颇，那么这些都将成为你在团队中进一步成长的障碍。在团队中，我们要注意培养与同事之间的感情，多跟同事分享对工作的看法，表示对他的工作感兴趣，对同事多些关心和问候，常和同事打招呼，做一个好听众，理解同事，多听取和接受他们的意见等。

总之，要跟每一位同事都保持友好的关系，如果你自己被孤立起来，那将是件很危险的事。融入，有助于双方的相互认可、相互接纳，并形成行为方式上的互补互动性和协调一致性。自制力和感悟能力强的人，能够非常和谐自然地被群体接受，也因此会获得更多的发展机会和条件。

2. 重视合作，以团队利益为第一

俗话说，“一个和尚挑水喝，两个和尚抬水喝，三个和尚没水喝。一只蚂蚁来搬米，搬来搬去搬不起，两只蚂蚁来搬米，身体晃来又晃去，三只蚂蚁来搬米，轻轻抬着进洞里。”上面这两种说法有截然不同的结果。“三个和尚”是一个团队，可是他们因为互相推诿、不讲合作，最终连喝的水都没有；“三只蚂蚁来搬米”之所以能“轻轻抬着进洞里”，正是合作的结果。

我们分公司有两个销售部，一个由姚德烈负责，另一个由夏卫华负责。同样是销售部门，但这两个部门不是相互配合，相互协作，而是互相拆台。两个部门的人你争我斗，相互挖部门员工，相互抢客户，最后因为斗争得太厉害，姚德烈工作不顺心，与一个三十万利润的大订单擦肩而过，只好引咎辞职。夏卫华部门的多名主力员工也跟随姚德烈一起辞了职，由此夏卫华的部门元气大伤，逐渐垮了下来。可见斗争只能两败俱伤，损人不利己，而合作才是硬道理，合作才能共赢。

张涛是一家公司的八个业务经理之一，当其他几个经理因为有事外出的时候，他就主动帮助他们培训员工，帮他们解决工作中的问题。这样当他出差的时候，其他经理就会主动帮助张涛部门的人员工作。因为经理之间相互合作，所以公司越做越大，他们也获得了很丰厚的年终奖金。这就是团队的力量，这就是团队精神的体现。谁都会有需要别人帮助的时候，想要得到别人的帮助，首先不要吝啬帮助别人，互相帮助，互相配合，才能走向共赢。

很多情况下，单靠个人能力很难完全处理各种错综复杂的问题并采取切实高效的行动。所以，这些都需要人们组成团队，并要求组织成员之间进一步相互依赖、优势互补、共同合作，建立合作团队来解决错综复杂的问题，并进行必要的行动协调。开发团队应变能力和持续的创新能力，依靠团队合作的力量创造奇迹。

朋友的公司有6名保安。当人事部决定从他们6个人当中选出一名为队长时，6个人都想当，并分别向经理自荐。其中有3个人自荐时，还捎带说了其他同事的坏话，比如某某在工作时间闲聊，某某有抽烟喝酒的不良习惯等。由于6个人都有当队长的强烈愿望，人事主管决定通过比赛的形式选拔。

首先，人事主管把6个人分成A、B两组，每组3人，让他们徒手翻过一堵3米高的墙，当然墙的那一边铺上了安全垫。哪一组先上去，哪一组就是赢家，然后获胜的组再进入下一轮的决赛，最终胜出者就是队长。

毫无疑问，3米高的一堵墙，普通人如果不借助工具，要从光滑的墙壁上爬上去几乎是不可能的，而且主管给出的时间只有3分钟。怎样才能翻过那堵墙呢？

A组的3名队员径直来到墙根下，其中一名叫李强的小伙子迅速蹲在地上，对另外两个人说：“快，你们踩着我的肩膀爬上墙头，然后再拉我上去。”

“这……”

“还犹豫什么？快上……”

于是，另外两个人踩着李强的肩膀迅速爬上了墙头，然后分别伸出一只手把他拉上了墙头，3人一齐跳到了对面的垫子上。

主管满意地点了一下头，甲组的3名队员整个翻墙过程只用了2分40秒。

再看看B组。B组的3名队员还在争论着，且声音越来越大。3个人中身材最高大的吴欢大声抗议道："什么？让我当梯子，你们踩着我的肩膀上？不行！我又不是木头，你们踩在我肩上多痛啊！再说，谁能保证你们俩上去后会伸手拉我呢？"

"你不当梯子，我也不可能，我感冒了，我身体还虚着呢。"小个子王进说。

就在3人还在争论不休的时候，主管走过来说："别争了，你们谁也不用当梯子了。"

"啊，主管，我们可以不通过这一关就直接进入下场比赛了？"B组的3名队员高兴地问。

"是的，你们可以不过这一关了，因为你们已经超过了规定的时间，也用不着参加下场比赛了。"主管说完，径直走了。

A组之所以能顺利地进入下一轮比赛，离不开他们团结一致、齐心协力的精神，更离不开李强顾全大局、甘当"梯子"的团队意识和团队责任感。假如A组的3名队员也像B组的3名队员那样，谁也不愿当"梯子"，那么谁也别想翻过墙头，进入下一轮比赛。

由此可见，工作中，无论你是普通员工、高级主管还是公司经理，你都不可能在没有支持和帮助的情况下独立实现你的全部目标。更为关键的是，如果你不顾大局，不愿当配角，没有一点团队责任感，那么别人也会如此"回报"你，那你想当"主角"的机会也就遥遥无期了。所以，为了团队的整体利益，为了工作的完美，我们应当努力去培养团队精神与责任感。

所以，可以这样下结论：顾全大局，甘当配角，从表面上看自己是遭受损失了，但是从更深层次来看，当配角的人同样也是赢家，因为你的谦让、你的付出，能使整个团队获得更大的成功！

随着团队精神不断地被那些世界顶级企业所提及，今天的领导者已经意识到，员工的团队精神对于一个企业而言有着非凡的意义和价值，这是企业制胜的精神支柱，是企业在激烈的竞争中保持岿然不动姿态的坚实根基。所以，员工只有处处以团队利益为先，才能成为真正合格的、被企业认可的员工。否则，即使个人能力再优秀，也无法得到团队的接纳，终将因为无法给企业带来效益，而被企业淘汰。

维护团队利益包括许多方面，比如顾全大局、与团队成员精诚合作、坚决抵制破坏公司利益或公司形象的行为、维护部门利益、正确处理公司与个人利益的关系，等等。总之，一名优秀的员工不但是公司物质利益的维护者，更应该是公司形象的保护者与宣传者。

如果你想成为一名优秀的员工，就应该把自己的身心都融入到自己所在的团队和企业中，急团队之所急，想企业之所想，时刻把团队和企业的利益当成自己的切身利益来对待。在这种正能量的帮助下，你就一定会脱颖而出，成为领导眼中不可或缺的人才。

3. 想方设法，让周围的人愿意帮助你

很多职场人都会遇到这样一个问题，很多事情我一个人难以独立完成，需要大家的帮忙。怎样让大家愿意帮助我，助我一臂之力呢?

第一，要有“功夫在事外”的概念，你不能够临时抱佛脚，等到需要别人帮忙了，你才赶快去求他来帮，这是极为不明智的。其实最好的方法是不求自来，让他主动来帮你。那怎么能做到这一点呢?

针对这一点，职场中的年轻人最该做的就是在日常工作中帮到更多的人。别人有什么需求，哪怕是搬个箱子、拿瓶水，或者是买个盒饭，能顺手帮忙就多帮忙。加班的时候你也去帮他分担一些事情，比如他家里小孩太小，今天加不了班，那你就把活接过来。

你帮的人越多，大家就会对你有越多的好感，甚至大家会有一种感觉，会觉得欠你的。“欠你的”这种心理状态非常关键。当有这种感觉的时候，人和人之间的关系就很微妙了。当你再去寻求他的帮助的时候，他就会立刻去帮你。史蒂芬·柯维在七个习惯里有一个观点叫情感账户，其实每个人心目中都会对其他人有个评判，就觉得在你身上我有多少情感账户，我下回找一个机会还给你。这种心态会推动同事之间更好地合作。当然，与这种状态类似的是“老好人”的状态，怎样将这两种状态分开呢?就是要在保证不会影响你的工作进展的情况下帮助他人，如果你没时间和精力帮助他们，要果断地说“不”。

新进一个组织，你会很快判断出来哪些人是喜欢你的，哪些人是中立

状态，哪些人是防备和怀疑你的状态。

积极人的特点是什么？就是你走到他跟前，你说，有没有时间，我想跟你说件事。他说没问题，我现在就有时间跟你去聊。这说明他完全是对你敞开的。中立的人会说，你先跟我说说什么事情，我再来判断我需不需要给你时间。怀疑的人是什么呢？就是你到他面前，你刚想张嘴，又想，算了，别说了，因为你也知道他肯定不会给你时间的。

在职场工作，其实就是不断地让喜欢你的人越来越多，让怀疑你的人越来越少的一个过程。在市场营销中有一个观点叫30%，就是当积极喜欢你的人的比例达到30%的时候，会出现一种效应，这30%的人会主动站出来，替你拉票，把中立的人、怀疑的人拉到积极的状态。

在这个过程中，最需要注意的一点就是不要上来就碰那些怀疑的人。其实你不需要花太多的时间去跟他沟通和影响，你只要维护好你的粉丝，让他们发挥作用。等发现80%的人都开始跟你保持同一个观点的时候，剩下这20%怀疑和拒绝的人只有两种结果，第一种结果是彻底离开，第二种就是快速跟上。在这个过程中，其实正确的逻辑就是把中间的人尽量地带到积极的状态。

在公司里怎样去快速地跟同事建立正向的关系，让更多的人喜欢你，甚至成为你的粉丝呢？

职场中人要知道哪些场景更适合建立一对一的深人关系。运动场上、饭桌上、甚至两个人下班路上，都可以找到这种轻松的一对一交流的场景，能够推动人与人之间关系更好地建立。

团队建设是非常好的手段和办法。大家喝酒、聊天的时候，我发现最有价值的聊天场景是什么呢？是大家拿着酒杯，走到一个人身边，跟他碰一杯，两人再私下聊上几句话。其实那个阶段聊的话的作用，甚至比整个吃饭的作用还大。所以说对于职场中的年轻人，最关键的是你要把握那种时刻，一对一地去跟他交流，交流的时候说出你对他的一些想法和观点。

在这个交流过程中，表达出两句话就可以了，第一句话就是谈一下“我对你的评价”。你可以采用先抑后扬的方式，说原来我没觉得你怎么样，通过哪几件事情发现你是一个特别好的人。其实这个过程中就会让人跟你建立一个牢固的关系，这是第一句话。第二句话就是“我想跟你说一下我是一个什么样的人”，或者是“我想让你知道关于我的一些事情”。其实就把这两句话讲出来，你就会发现两个人的关系变得非常近。在工作的关系中，有一种关系我把它叫作最好的关系，叫作知己，就是这个人特别懂我，特别了解我。我的建议就是在工作中要尽量让更多的人成为知己。

我给大家介绍一个工具，这个工具叫做网状图。你把你的名字放在中间，把工作中接触到的各种人放到旁边，之后连线。也可以再延展一点，就是通过这些人再接触到的人，间接关系，再理出一条线。名字写上去，写完之后再用加号、减号和问号表明你和他们的关系。这个人你跟他是积极的关系，他特别愿意给你时间、愿意帮你，你在他旁边写个加号；减号就是这个人别找他了，因为肯定会拒绝我；问号指的是不知道他是支持还是反对。你把你身边工作网络中的人做出这些标签之后，就会判断出目前工作的状态。比如说满眼都是减号，那在这个工作环境中很难做出大的业绩，因为没有人支持你。如果都是加号，那就放手干，大家都愿意帮你。如果都是问号，说明你不确定的关系太多了，也不知道大家对你是什么样的态度。

当然还有一种分类的方法，你去看看这些关系里的人，在公司里是高层、中层，还是基层的员工。如果在你的关系网里头，高层人数的占比越来越多，并且高层对你更多是加号，说明你在组织中的影响力是越来越大的。所以通过这张关系图的维护、建立，不断拉动更多关键的人进来，维护好和他们的关系，你在职场中就会越来越顺利。

很多年轻人在工作中，有时候会跟同事产生冲突，有一些对立，甚至争吵，过后又会有些后悔。碰到这样的事情怎么办？

有些人担心与同事有冲突，总想让自己更加友好平和，这种反应我觉得是有问题的。首先情绪你也很难去屏蔽。你往往忽略了情绪的能量，情绪的能量是理性能量的24倍。当一个人工作的时候，如果带着情绪来进行工作，其实会事半功倍，所以你要用好你的情绪去实现你的目标。当你跟对方观点不一样的时候，你应该更大声地去表达你的观点，甚至有时候更气愤地、语速更快地表达你的观点，从而对对方产生影响，使你们的交流事半功倍，那你就用这样的情绪帮你去实现了这样的目标。

其次要考虑到的一点就是，情商里有一个词叫情绪挟持，就是你脑中情绪的能量太大，最后挟持了你理性的部分，最后你会脱口而出一些让自己非常后悔的话。当有这种感觉的时候，最关键的一个动作就是远离刺激源。休息一下，出去喝口水，到窗户边看看风景，翻翻手机，当情绪稍微稳定一点，回来再谈，那个时候你的理性就又恢复了。

其实大家为什么发火？就是想让对方明白我的意见、我的想法。我觉得如果你发现你是一个控制不了情绪的人，并且对方也是一个控制不了情绪的人，那最好是在争吵之前两个人就先约定一下，要么找个第三方来，要么在公共场合。还有一种方式就是别跟对方谈一些敏感性的话题，避免情绪冲突发生。

4. 学会分享，不独占团队成果

我常跟我的员工说："你们要学会分享。"因为我认为会分享的公司才是最有竞争力的团队，会分享的公司才是一个可持续发展的团队。那些优秀员工乐于与同事分享技术、经验等，从而促进了公司的发展，他们也必定是公司倾力培养的人选。

与他人分享成功，是进一步团结他人最好的方式。

有一群猴子，发现一个高高的悬崖顶上有一串熟透了的果子。悬崖太陡峭了，仅仅靠一个猴子的力量是无法摘到果子的，于是猴子们团结起来，一个踩着一个的肩膀，搭起了"梯子"，就这样，最上面的猴子爬上悬崖，摘到了果子。

摘到果子的猴子忘记了自己之所以能摘到果子，完全是大家团结合作的结果，于是独自在悬崖上大嚼起来，丝毫不理会下面的猴子。下面的猴子生气了，撤去了"梯子"。最上面的猴子吃完了所有的果子，却怎么也找不到下来的路，最后饿死在悬崖上。

猴子们通过团结努力获得了成功——摘到了悬崖上的果子，而最上面的猴子却独占了大家的劳动果实。从短期看，最上面的猴子占到了便宜——它自己吃到了所有的果实。但是从长远看，它占到了小的便宜，却付出了巨大的代价——它被踢出了团队，最后还丧了命。

企业中也是如此，在企业发展艰难的时候，员工们往往可以众志成城、团结一心、共渡难关，可是在取得了一定的成绩之后，原本团结的局面往往会出现裂痕。这种可以同辛苦却不能共富贵的怪圈，几乎困扰着每一个企业，这究竟是什么原因呢?

很多人认为，这是因为企业员工素质差、嫉妒心重。其实不然。真正的原因就是企业中出现了几只霸占大家劳动果实，却不肯与他人分享的“猴子”。

分享才能避免劳而无功，分享才能共利。在团队里，任何的成功都是团队成员共同劳动的结果，仅仅靠一个人是不会做出任何事业来的。

去年年会时，分公司销售二部主管被评为先进员工，销售二部主管上台领奖时说：“其实今天这个奖不是颁给我的，而是给我们部门所有员工的，没有他们就没有这个奖项，非常感谢他们的支持，今天的奖金，部门人人都有份!”

当时销售二部的所有员工都沸腾了，一来高兴年终奖又多了一笔，二来，为自己有这样一个体贴的上司而感到欣慰。

真正优秀的员工，当老板宣布他被提升或者受到奖励的时候，往往都非常谦虚。在享受荣誉的时候，他也绝对不会忘了感谢那些和自己一起努力或者曾经帮助过自己的人。这样的员工，大家往往乐于看到他成功，当他获得成功的时候往往得到的是赞许和掌声，而且大家以后会更努力地团结在他周围，去争取更大的成功——因为大家都知道，不管取得多大的成功，他都不会忘记曾经帮助过他的人，大家都会有所回报。

迈克尔·乔丹在结束自己的篮球生涯时说：“有人说，我站在篮球世界的顶端，每当听到这样的赞美，我都感到惶恐。我取得的所有成绩都是和队友们以及教练一起努力的结果，还有赞助商和支持、鼓励我们的球迷们，荣誉属于你们每一个人，我只是幸运地作为代表，一次次地领取奖杯。”

迈克尔·乔丹在每一场比赛中都和队友们团结一致地去争取胜利，取胜之后他总是和队友们互相拥抱、分享胜利。正是迈克尔·乔丹这种无私的分享精神，皮蓬等一大批NBA巨星才甘于充当配角，紧密地团结在他周围，为公牛队取得一个又一个冠军。

不过，企业也存在这样的员工，他们在获得奖励的时候，眼睛就从正常的位置挪到头顶上了，仿佛自己已经超越了别人，成为“高人一等的贵族”，连说话都高傲起来。这样的员工，是把自己和团体隔离开来。对于这样的员工，以后谁还愿意帮助他呢？

在一个山村，有个农民不安于现状，对自己的玉米收成很不满意。他私下打听消息，买来优质的玉米种子播种下地，第二年果然大获丰收。他的邻居在惊羡之余，都请求他能卖些新种子给他们，可是，这个农民为保持自己的优势，断然拒绝了大家的请求。

不知为什么，从第三年开始，这个农民的玉米收成变差了，到了第四年，更是明显地减少。最后，他找到了原因：原来自己的优质玉米，接受的是邻人田中劣等玉米的花粉，因此产出的果实一年不如一年。

一个人拥有优势时，学会保护自己并没有错；但更要明白，要想继续强化自己的优势，还必须学会共享。因为大家共处一个价值链，共处一个系统，所以一荣俱荣，一损俱损。

一个良好的团队，不仅需要精神上的鼓励，更需要物质上的支持。当你个人取得成就的时候，千万不要忘了一起拼搏努力的其他团队成员。只有分享，才能共赢。

同时，分享不仅表现在对成果的共享上，更在于对责任和压力的分担上。

一家工厂，因为经营不善，面临倒闭。工人们都在收拾行装，根本就不期望工厂能发工资——每个工人都了解工厂的财务状况。

厂长把大家召集在一起后说：“大家很清楚厂里现在的情况，我现在给大家两条路选：第一条路是我申请破产，不过大家放心，我会想办法让大家拿到工资。不过这样大家将会失去工作，需要重新找工作；第二条路是我把工厂股份化，以股份来代替工资发给每一个人——当然，大家现在获得的不会是利益，而是摊到了债务。”

工人们都静静地听着，厂长顿了顿，继续说：“大家在一起工作这么长时间了，为什么不放手搏一下？工厂是我们一起发展起来的，属于我们每一个人，只要我们团结起来，就一定能闯出一条生路。”

结果，所有的工人无一例外地选择了留下来。因为每个工人都拿到了工厂的股份，所以大家都很拼命，工厂很快就蓬勃发展起来。

叔本华说：“单个的人是软弱无力的，只有同别人在一起，他才能完成许多事业。”分享是团队团结和信任的纽带，只有与他人共享资源和机会，才能在团结互助的氛围下合作共赢。

遗憾的是，在竞争激烈的公司中，有不少员工以保护个人力量为基本出发点，当技术上取得突破、工作上体悟到心得时，总是不愿意与同事分享，生怕“教会徒弟，饿死师傅”，结果同事之间关系紧张，公司无竞争力可言。这种情况下，个人又何谈发展呢?

那些优秀员工之所以优秀，与他们乐于与同事一起分享的好习惯不无关系。他们知道，只有分享才能促进团队的团结，才能促进公司的发展，才能成就自己辉煌的事业。

5. 懂得赞美，巧妙温暖人心

积极的赞美不嫌多，只嫌少。

每个人都希望得到别人的赞美。当你得到别人赞美的时候，内心就会出现一股强大的力量，会将你多日来的付出和劳累全部消除；会让你感觉自己所有的付出都是值得的。领导者一定要明白，不管员工把你交给他的任务做得如何，你都要尽量地激励他、鼓励他，给予他信心，只有这样，员工才能变得更加优秀。

我听过我同事讲她的表妹韩晓梅的故事。韩晓梅性格内向，做事非常细心。由于家境不是太好，所以高中毕业后就进入了一家十字绣加工厂上班。由于她做事非常认真，凡是由她制作出来的产品，很少有人能挑出毛病。

她刚进入工厂的时候，很多人都感觉她不过是个黄毛丫头，不会形成多大的气候。但时隔不久，韩晓梅的能力以及成绩就展现出来了，让领导以及很多人都刮目相看。

有一次，生产二组负责的产品出现了一点问题，如果不处理好的话，那么这些产品就将报废。面对这些即将报废的产品，领导突然灵机一动，找到韩晓梅，希望她能将那些错误明显的地方用针线修补一下。

韩晓梅接到这样艰巨的任务自然是不敢粗心大意，于是在接下来的十几天，韩晓梅一直在研究那些有毛病的产品，最终成功地完成了任务。对此工厂领导非常高兴，生产二组的员工更是把韩晓梅当成救命恩人一样看待。

就在韩晓梅为自己的成就高兴的时候，部门领导却找她谈话了：“晓梅啊，你知道吗？工作中最忌讳的就是骄傲，人啊，不能够因为自己的一点小成就就高兴得找不到北了。你呢，再继续努力吧，这件事情以后就不要再提了。”

其实，韩晓梅并不骄傲，只是想得到领导的赞美。可是部门领导觉得她还是一个小孩子，不仅没有鼓励她，还批评了她过于骄傲。从那以后，韩晓梅就想，既然自己的努力得不到别人的认可，就根本没有必要卖力地工作。所以，韩晓梅再也不像以前那样拼命地工作，只要把自己应该完成的任务完成，她就什么都不管了。领导看到她变成这样，只能摇摇头说，想得到一个好的员工，难啊。

从韩晓梅的故事中，我们可以看出，想让员工变得优秀，就要适当给予他们赞美。

有些领导者总是吝啬对员工的赞美，他们与韩晓梅的领导一样，认为赞美员工，员工就会骄傲自大，却从来不想想，你不赞美员工，你不认可他们所付出的一切，员工们就会觉得努力与不努力没有任何区别，这难道不是在打击员工的积极性吗？

所以，作为企业的领导，一定不要吝啬你的赞美。要想让员工将工作做得更出色，你就必须明白赞美员工的重要性。

一家大型服装厂的总裁跟我聊过他的一个员工小华，给我留下了深刻的印象。小华在这家服装厂仅仅工作了两年的时间就成为了经理，很多人都对小华获得这么大的成就感到不解。但是小华明白，他今天的成就与公司的王总监是分不开的，是王总监给了他前进的动力。

有一次，公司赶着制作一批产品，公司里所有的员工都在加班加点，小华也不例外。但是在坚持了 3 天后，小华就想，反正还有其他员工呢，他不想这样拼命地工作了，于是，没事就找借口上厕所，一去就是半个小时。王总监（当时只是部门领导）发现了小华的举动，但他没有多说什么。直到这批货品安全生产完毕后，王总监把所有的员工召集在一起，说了一番激励人心的话："大家辛苦了，非常感谢大家能够这么拼命地工作，才使公司渡过了这次危机，你们的付出领导是看得见的，这个月每人加薪 500 元。"听到加薪，很多人都高兴地跳起来了，不仅没有因为多日的劳累而情绪减退，反而更加兴奋高涨。

最后王总监又说："我要特别表扬一个人，那就是小华，在生产期间，他肚子不舒服，还一直坚持站在生产线上，这样的精神值得我们每个人学习。"听到这，小华惭愧地低下了头。

从那以后，小华再也没有过偷懒的想法，工作更加积极，不到两年的时间就晋升到经理的位置。这时候的他，在面对一些问题的时候，总是先认可下属的成绩和付出，最后才会针对问题想办法来解决，而这一切都是从王总监身上学来的。

面对小华的行为，领导并没有直接针对小华说事，而是采取了另外一种方法——赞美，让小华自己去发现自己的不对，并加以改正。王总监的做法不仅培养出了一名优秀的员工，还为公司锻炼出了一个像自己一样睿智的优秀领导。

所以，企业的领导必须明白，培养优秀的员工是需要方式和方法的。人人都有自尊心，人人都爱面子，人人都希望自己能够得到别人的认可和赞美。如果企业和公司的领导能够抓住这一点，并且适当地赞美一下自己的员工，相信员工的积极性也会由此而增加，这时，公司的领导也就不用担心员工们缺乏敬业精神了。

6. 宽容大度，减少冲突

我刚进入职场，参加公司新员工培训的时候，培训师讲了这样一个故事：一把坚实的大锁挂在铁门上，一根铁杆费了九牛二虎之力，还是无法将它撬开。钥匙来了，它瘦小的身子钻进锁孔，只轻轻一转，那大锁就啪地一声打开了。铁杆奇怪地问：“为什么我费了那么大力气也打不开，而你却轻而易举地把它打开了呢？”钥匙说：“因为我最了解它的心（芯）。”

那么在工作中，横在团队成员之间的那把“锁”（矛盾）又是什么呢？

美国沃尔玛公司总裁山姆·沃尔顿说：“我们在团队合作的过程中非常注意沟通，认为沟通是永无止境的，企业成功源于沟通。沟通是我们成功的真正关键要素之一。”

我们公司凡是做项目都要以团队为单位进行开会讨论，那天，项目C组的几个组员早早来到了会议室准备开会，可是还剩一个人迟迟不来，也不知道原因，大家就有点不耐烦了。组员A说：“怎么回事啊，怎么该来的还没来？”

组员B听了很不高兴，质问A说：“你的意思是该来的没来，不该来的来这么勤快咯？那行，这会也别开了，我走了。”B说完就气冲冲地走了。

会还没开始，一个组员没来，一个组员被气走了，组员A又说：“真是的，不该走的却走了。”

C组员听到这句话又不高兴了：“照你这么讲，该走的是我啦！好，我走。”C 说完就收拾东西回办公室了。

又走了一个组员，组员 A 现在有点着急了，今天完不成任务，上司又该骂人了，她有点不知所措。组员 D 和组员 A 的关系较近，就劝她说：“大家都被你气走了，你说话应该留意一下。”

组员 A 很无奈地说：“他们全都误会我了，我根本就不是说他们。”最后这个组员听了，脸色大变道：“什么？你不是说他们，那就是说我了！莫名其妙，有什么了不起的！”说完，他也铁青着脸走了。到最后项目会议也没开成。

一个团队成员如果沟通能力不足，不仅会损害人际关系，影响团队合作，甚至还会被人扭曲形象。可以说，这样的团队成员成功的机遇比其他人要少得多，是很难实现自己的目标的。

在竞争日益激烈的今天，一个人单枪匹马、孤军奋战很难有大的作为。协调好人际关系，是所有团队工作顺利进行的前提。要和别人很好地相处，首先要学会合作，学会共事。如果你与同事的关系很好，甚至对他们还有一定的影响力，同事对你都表示信任，那你将得到团队领导更多的信任与支持。但如果你把自己孤立于团队之外，使同事对你充满嫉妒、怨恨，此时，团队领导信任你一人就会引起其他团队成员的心理不平衡，挫伤他们的工作积极性，进而影响到全局任务的完成。在这种情况下，任何团队领导都不会甘冒惹恼众人的风险对你表现出信任。即使原来已经建立了比较稳定的信任关系，也不得不忍痛割爱，以牺牲你为手段来换取其他团队成员的支持和拥护，从而保证大局稳定。

协助同事工作，不可避免地会占用你的时间，但是你会因此而受益匪浅。你这么做，不仅彰显了你为人的美德，也展现了你的才华，同时也可以促进你与同事之间的人际关系。假如你能够无怨无悔地全力协助同事，你的举动就会帮你赢得良好的声誉，增加同事对你的信任，团队领导也会更加器重你。

想要和同事搞好关系，减少冲突，你可以试试这几种方法：

（1）不在乎被人占便宜。

被人占便宜看似是一种损失，其实是一种投资，因为对方会觉得有所亏欠，恰当的时候你便会得到回报。当然，太大的亏是不能吃的。另外，有些人占了便宜还卖乖，而且也没有亏欠之心，那么对这种人不必有所期望，你做好自己就可以了。

（2）与人方便。

我们经常听到这样一句话：与人方便，与己方便。一个团队中如果没有了关怀和爱心，同事之间就无法和睦相处。有时候，你必须为他人的利益着想。如果只顾自己而不顾别人，那么你很可能会受到排挤、攻击。不给他人方便的人，自己也难有好的结果，不爱他人等于不爱自己。

（3）信守承诺。

信守承诺的人很容易得到团队成员更多的信任，而背信弃义的人则为人所不齿，其代价往往超出其他任何过失。一次严重的失信会使你信誉扫地，名声败坏，你想要再建立良好的人际关系将非常困难。所以，为人绝不可轻易许诺，一旦许诺则一定要信守，因为唯有守信才能赢得别人的信赖，而唯有信赖才能让别人在关键时刻听取你的建议。

（4）注意小节。

越是小事，越见真情。一些看似无关紧要的小事情，如欠缺礼貌，无意中的食言，一个不文明的小动作等，都很容易破坏你好不容易才建立起来的人际关系。在团队里，最需要注意的往往就是小事情。

（5）敢于道歉。

诚心实意地道歉能够化敌为友。当然，道歉的勇气并非人人都有，只有坚定自信、具有安全感的人才能做到。那种缺乏自信的人唯恐道歉会显得软弱，让自己受到伤害而使别人得寸进尺，所以他们往往是没有勇气走出道歉这一步的。俗话说：“弱者才会残忍，唯强者懂得温柔。”一般情况下，人们都可以容忍别人的错误，因为错误通常是无心之过。当然，那种动机不良或者企图文过饰非的人，就不能得到宽恕。

（6）诚恳正直。

诚恳正直的人能赢得别人的信任。不诚恳正直的人，很容易因为自己行为的不检点而失去别人的信任。背后不说人长短，是一个人诚恳正直的最佳表现。为了争取友谊，而不惜揭第三者之短的人，只能引起别人的戒心而不能赢得别人的信任。

跟同事建立的良好人际关系，在关键时刻会助你一臂之力。这些人际关系会成为你一生中最珍贵的资产，在必要的时候，会对你产生莫大的效用，就像银行存款一样，时不时少量地存，积少成多，有急需时便可派上用场。而别人对你的善意的回报，有时是附带“利息”的，就好比银行存款生利息那样。

第八章

高效工作，创造业绩：累死你的不是工作，是方法

想要提高工作效率，做一个高效的执行者，最重要的就是要找对方向。有的放矢才能行动迅速，摆脱优柔寡断。除此之外，做事还要有条理，今日事今日毕，日清日高。一个有效率的人，同样的时间他们能做更多的事情。他们通过合理安排自己的工作，把工作化繁为简、化整为零，提高自己的效率，成为企业中的佼佼者。

1. 别把时间用在无效的努力上

职场中，没有效率毋宁死。负责的人，就是把上班时的每一分每一秒都用在创造效益上。

职场是一个拼效率的大舞台，谁的效率高，谁的时间利用得充分，谁就能在自己的岗位上创造更多的效益，谁就能在公司大有一番作为。有的人常常因为在规定时间内没有完成规定的任务，就选择投机取巧，敷衍了事，这是非常错误的。

上帝对每个人都是公平的，因为他给了每个人每天不变的 24 个小时。时间买不来、夺不去，但只要你不珍惜，它马上就会背叛你。你的每一秒钟都是你自己的，就看你怎么用它了。工作上的效率，需要我们自己去统筹规划，这就是我们每个人的自律，这就是我们每个人迈向成功的根本保证。

法国思想家伏尔泰曾经提出过这样一个问题："世界上哪样东西既是最长的又是最短的，既是最快的又是最慢的，既能分割又不可分割；没有它，什么事情都做不成；它使一切渺小的东西归于消灭，使一切伟大的东西生命不绝。"

是什么呢？当然是时间。当时有人这样回答伏尔泰："最长的莫过于时间，因为它是无穷无尽的；最短的也莫过于时间，因为它是转瞬即逝的；对于在等待的人，时间最慢；对于在享乐的人，时间最快；它可以无穷无尽地扩展，也可以无限地分割；没有时间，什么事情都做不成；时间可以将一切不值得后世纪念的人和事从人们的心中带走，时间也能让所有不平凡的人和事永留青史。”

我们虽然仍然年轻，但是是否感觉到时间正悄无声息地从我们身边溜走呢？时间就是金钱、就是生命，想要从竞争激烈的职场中脱颖而出，就应该利用好时间。我们要做的就是今日事，今日毕，不要总幻想着明日复明日。

职场中，如果你今天不努力奔跑，不利用好每一秒，就会差别人一截，长此以往，你的工作就再也不是你的工作了。当别人工作的时候，你要工作；当别人休息的时候，你还是要工作，这样你才能有所作为。你是有梦想的人，你的梦想比别人的要广大，所以，你需要全力奔跑。

伯利恒钢铁公司总裁名叫理查斯·舒瓦普，一直以来，他总是为自己和公司的低效率而感到担忧。他掌管着一个拥有十几万名员工的大型跨国公司，每天的各种事务就像雪片一样堆到他的案头上，对于这些工作，他越来越感到力不从心。

于是，他决定不惜花重金去找效率专家艾维·李寻求帮助，希望李可以教给他一套在单位时间内完成更多工作的方法。

艾维·李果然不愧是效率专家，他对舒瓦普说：“好！我用10分钟就可以教你一套至少可以把工作效率提高50%的最佳方法。这套方法你愿意试多久就试多久，然后给我寄张支票，并填上你认为合适的数字就可以了。”

艾维·李接着说：“你今晚需要做的事情是把你明天必须要做的最重要的工作记下来，按重要程度编上号码。将最重要的排在首位，以此类推。明天早上一上班，马上从第一项工作做起，一直做到完成为止，这项工作没做完，你绝不可以做其他的工作。然后你再用同样的方法对待第二项工作、第三项工作……直到你下班为止。即使你花了一整天的时间才完成了第一项工作，也没关系，只要你能保证它是最重要的工作就可以了。你需要坚持不懈地运用这个方法，每天都这样做，把它变成你做事情的习惯。如果你觉得你的工作效率确实得到了提高，并且对这种方法的价值深信不疑之后，你还可以教你公司里的员工也都这么做。”

一周之后，舒瓦普填了一张 25000 美元的支票寄给了艾维·李，因为他在一周的时间里整整做了原来两周才能做完的工作。舒瓦普常对他的朋友们说：“艾维·李让我学会了如何才能提高工作效率，我和整个团队坚持选择最重要的事情先做，我认为付给艾维·李的这 25000 美元是我经营这家公司多年来最有价值的一笔投资！”

工作效率的提升远远没有这么简单。诚然，你还不需要像舒瓦普那样掌管着一个大公司，日理万机。但是你需要知道，随着你在职场当中越来越出色，你手头需要处理的工作也会变得越发杂乱无章。如果你不能够好好规划并且利用时间的话，你就会被如潮水一般的事务性工作所淹没，哪怕你一天 24 个小时，一周 7 天不吃不睡，时间也还是不够用。因此，如果你不从现在就养成珍惜时间并合理规划利用时间的良好习惯的话，你早晚会被繁重的工作累垮。

生活就是这样，时间一点一滴流逝，今天变成了昨天。生命是有限的，时间对于每个人都是平等的，要在有限的时间内做出更多的事情，只有分秒必争。正如鲁迅所说：“节约时间，也就是使一个人的有限的生命更加有效，也就等于延长了人的寿命。”时间也是最公正的评判家，分秒必争的人必然会得到时间的褒奖，虚度年华的人也必然会受到时间的惩罚。

2. 没有功劳，苦劳就是“徒劳”

当我辞退一个员工时，他们总会说：“再给我一次机会吧，我没有功劳也有苦劳啊。”我想告诉大家，苦劳是企业的一种负担，他会让企业慢慢消亡，功劳才是你存在的条件和价值。

总是把“苦劳”挂嘴边的员工，实际上是习惯于为自己找借口的人。有功劳的人不会拿苦劳说事；没有功劳而又善于反思的人不屑于拿苦劳做挡箭牌；只有那些没有功劳却又不积极反思改进的人，才会拿着苦劳去搪塞。

总是把“苦劳”挂嘴边的员工实际上是没有主人翁意识的人。

白居易有句诗叫做“足蒸暑土气，背灼炎天光，力尽不知热，但惜夏日长。”诗句中描绘的老农不会到处絮叨自己的“苦劳”。而女性十月怀胎，食不知味、夜不能寐，没有说自己的“苦劳”有多大，心里盼望的只是宝贝的健康；创业初期，冷嘲热讽、风餐露宿，没有人去关注他有多少“苦劳”，只有缔造了自己的商业帝国，才能获得人们的关注……所以，有主人翁意识的员工是不会到处宣扬自己的“苦劳”的。

总是把“苦劳”挂在嘴边的人，他的人生是惨淡的。因为总是注重于“苦劳”的人，眼中看到的是“苦”，“劳”对他而言是无尽的折磨；而总把“功劳”挂在心上的人，眼中紧盯的是“功”，“劳”就变成了充满希望的奋斗！两种心态，收获的是两种不同的人生。

我曾经在书上看到这样一句话：“我们要假装优秀。”她说，优秀是一种品质，可能现在我们不具备，但是我们要先“装”起来，假装自己很优秀，用优秀的标准去要求自己，用优秀的心态去工作、去生活。一天、两天……装的时间长了，你就弄假成真了。

上周开始，我们公司开启了季度绩效考核，各个部门的神经都紧绷起来。大部分员工都“假装”很优秀的样子积极参与，以主人翁的姿态进行实践和探索，也有员工提出了一些问题。有问题没关系，因为团队里难免出现摩擦，一切都在探索中，这时候没有问题才是大问题。但也有一些同志习惯性地开启了灰暗模式，不仅自己消极怠工，还在不断地扩散着自己的负面影响……

常把“苦劳”挂嘴边的人只会越来越苦，眼中只有“功劳”的人，才能踩着脚下的坎坷登上一个又一个的高峰，去欣赏别人看不到的风景。

员工们常常走进一个误区，认为辛苦就是结果，其实这个观念是错误的。结果意识有时候会挑战我们的良心，一些管理者也会有一些恻隐之心。这时候，经典台词又出现了：“我没有功劳也有苦劳啊，没有苦劳也有熬劳啊！看在我多年辛苦的份儿上，也要给我一碗饭吃啊！”市场不会因为一个人或者一个企业的努力或投入而给予恩惠，市场唯一相信的是符合客户需求和需要的结果。

有的员工说：“我按时上班，按时下班，从来不迟到早退，到月底了，就应该给我发工资。”这话听起来挺有道理。问题是，到月底了，企业的产品没有人买，企业没有收入，老板拿什么发工资？

还有些员工以为，只要在公司服务足够多的年限，自然年年加薪。殊不知，那些号称在公司服务 10 年、20 年的人，实际上不过是将第一年的经验重复十次、二十次、上百次罢了。年龄不一定代表智慧，年资不一定代表贡献，有资历不一定能获得高薪。

事实上，就算你再辛苦、再不容易，企业所有的员工起早贪黑、加班加点生产出了产品，拿到市场上，对客户说：“这是员工出力流汗造出来的产品，尽管功能有点欠缺，质量不尽如人意，但是，既然我们造出来了，你们就应该买回去。”有这样的道理吗？肯定是没有的。

一位美国企业家说过一句话：“不要告诉我分娩有多么痛苦，把孩子抱来给我看看。”公司存在的理由是通过实现盈利最大化来回报股东，造福社会，成就员工。投入同样的资源，产生出最大的价值是公司的最高经营境界。价值要靠员工的努力去创造，员工要靠自己的业绩证明自己的价值，公司应该帮助员工实现价值，提升他们创造业绩的能力，而不是同情他辛勤劳作后的一无所获。

赵强是我们公司销售部的区域经理，春节过后他一直很郁闷，原因是今年的销售任务从每个月 110 万涨到了 200 万，几乎翻了一番。要命的是今年的市场不景气，1 月份至 5 月份合计仅仅完成了 707 万元的销售额，也就是说 6 月份他必须要实现 493 万的销售才能完成上半年任务，否则他将会在半年考核中被淘汰。这 493 万相当于今年月份任务的一倍多，相当于去年同比月份任务量的近五倍，看来赵强被淘汰是板上钉钉的事了。

赵强和我私下还有些交情，年中的时候，他向我求助，按照他的话来说就是“死马当活马医”吧。看他的样子是放弃了努力，已经做好了最坏的打算。赵强的问题提出之后，我就反问他：一个月完成 493 万任务跟完成 200 万任务有什么不同？他沉默好长时间，回答说：“肯定不能用同样的方法和手段了。”

我说：“对啊，非常目标必须要采取非常手段和措施，才能完成非常任务！赵强，你必须采用新的方法和渠道，才能把死马医活。”最后，我们得出一个结论：他必须抛弃被动依靠分销商分销的方法，主动出击才有活路。

后来的结果是，赵强用一款新专利产品作为突破口，拿到了一家企业集团一个 530 万元的工程直供项目。快到月末的时候，赵强又与三家房地产企业签订了首批供货 280 万元的合同，也就是说，赵强实现了月合同销售810万元的业绩，创下了公司单月区域销售记录。半年业务运营总结会上，赵强成了全国销售冠军。发言中，赵强最后说了一句话："目标是用来超越的，计划是用来突破的！"

做工作就是做结果。多劳多得，少劳少得，不劳不得，这些道理每个人都懂。劳动和工作仅仅是个过程，这个过程的最终目的是工作成果。

俗话说：拿人钱财替人消灾，拿人家的手短，吃人家的嘴短。作为员工，每到月底就会向企业或老板要结果，这个结果就是工资。反过来，老板也会向员工要结果，"我凭什么给你发工资？"如果员工说："因为我完成了工作目标。"老板就会很高兴地发工资。如果员工说："我辛辛苦苦干了一个月。"老板就会不高兴，就会问："难道辛苦就得发工资吗？工作计划落实了吗？订单拿下来了吗？任务完成了吗？交代的事情办妥了吗？"这些都是结果。如果做不到这些，员工想要的结果也就无从谈起。

员工只有拿出结果，才能说话硬气，才能保住你的职位，保住你的工资。

3. 掌握方法：做每件事都要瞄准“靶心”

为什么很多人工作很努力，业绩却不太理想？为什么面对同样的工作，采取了不同的方法，取得的效果就会不一样？最主要的原因就是没有找到一个正确的方法。正确的方法是高效解决问题的关键所在，可以使很多难题迎刃而解；正确的方法也是你取得突出业绩的决定因素，可以让你迈向优秀、成就卓越。

在日常工作中，我们总会遇到各种各样的问题，有时单从问题本身着手并不能找到解决问题的有效办法。那么，这个时候，就要从纷繁复杂的表面，从千丝万缕的纠结中，找出问题的症结所在。这样，问题解决起来就简单多了。

任何问题的发生，都是有根源的。在遇到问题时，员工不能像没有问题一样，而是应该考虑该事情的前因后果并做出正确的分析，先把问题的症结在哪里弄清楚，然后加以解决，这才是一种正确的工作方法。

世界上并不缺少美，而是缺少发现美的眼睛。其实，对于问题同样如此，不是你的工作中没有问题，而是你缺乏发现问题的眼光。

一个公司就像一个人，在不同的发展时期，会有不同的问题存在。比如在婴幼儿时期，孩子的关键问题是吃饱；学生时期，关键问题是学习成绩；青年时期，关键问题是有份好的工作和谈一场好的恋爱；一个结婚后的人，关键问题就是照顾好家庭。公司在创建时期、发展壮大时期、基业长青时期，也一样有不同的问题存在。只要你能诊断清楚公司处于不同历史时期的问题，就能找到问题的关键点，然后针对关键点找到解决问题的思路，这样解决问题的方案也就应运而生了。

因此，工作在很大程度上来讲就是要解决问题，但是问题不会自己站出来，更不会自生自灭。要想解决问题，首先就要有发现问题的眼光。发现问题是解决问题的前提。

有时候工作中的问题是细小的，但是许多时候，正是这种细小的问题导致了大灾难的发生。要让工作进展顺利，就要在鸡蛋里挑骨头，就要从细微处着手，把每一个小问题都消灭在萌芽之中。成功的经验能够使自己在以后的工作中取得胜利，但也有可能阻碍自己工作的顺利进行，因此在成功的经验面前一定要结合具体情况，进行客观分析，千万不要让成功的经验成为自己发展的羁绊。

要想在工作中取得成绩，最重要的一点是要做到目标清晰，不能贪多，否则会在众多的目标中迷失自己。时刻保持清醒的状态，集中精力，瞄准目标，有效地解决一个个问题。只有这样，问题才能被解决掉，自己才能在工作中真正地取得进步。

我们要善于发现自己身上存在的问题和不足。有时候，工作中遇到问题，很大程度上并不是事情本身产生的，而是由我们自身的某种缺陷造成的。很多人不及时地从自身寻找突破口，而是怨天尤人、缺乏行动，结果他们只能被问题所淹没，有的甚至不得不离开自己的工作岗位。如果遇到问题时，我们能积极地从自身寻找原因，寻找能够使自己发展的突破口，就会得到积极的效果。

洛克菲勒曾经说过：“思路一转变，原来那些难以解决的困难和问题，就会迎刃而解。”问题是大多数人躲避责任、回避努力的第一借口。但是，一个一流的员工，绝对是奉行这样的理念的：不找借口找方法，方法总比问题多！

在任何一家企业，能够主动找方法解决问题的人，最容易脱颖而出。方法能为人解除不便，让人有更大的发展，更能给企业创造最直接的效益。任何企业的老板，都会格外重视想方法帮企业解决问题的人。

我的发小陈斌在邮局工作，跟其他的老员工一样，他也运用陈旧的方法分发信件，而这样做的结果，往往使许多信件被耽误几天或更长的时间。

陈斌对这种现状很不满意，于是想尽办法来改变。很快，他发明了一种把信件集合寄递的方法，极大地提高了信件的投递速度。

陈斌升迁了，两年后他成了他们组的组长，接着当上了投递部的部长，最后升任为他们分部的主任。

从陈斌身上我们能够看出：在工作中主动想办法解决问题的人最容易脱颖而出，也最容易得到公司的认可。当谁都认为工作只需要按部就班做下去的时候，偏偏有一些人，会主动去寻找更好更有效的方法，将问题解决得更好。也正因为他们善于主动地去寻找方法，所以他们也常常最容易得到认可，最容易获得成功。

日常工作中常常有这样两种人：一种是碰见困难避而远之的人，另一种则是迎难而上、主动寻求方法的人。可以说主动去寻找方法解决问题的人，是职场中的稀有资源，更是经济社会的珍宝。

在任何一家公司，要想成为一名优秀的员工，在对待工作中的问题时，就要尽一切可能去寻找解决问题的正确方法。

许多时候，我们并没有做好自己的工作，究其原因，其实就是在错误的时间、错误的地方，用了错误的策略做了错误的事，最终只能收获一个错误的结果。事实上，任何事情的发生、发展都有自己的规律，哪怕是突发事情，也有个起因和结果。问题是我们能否找到最关键、最巧妙的办法来解决问题。阿基米德说：“给我一个支点，我可以把地球撬起来。”其实，你也一样可以做到。

所谓有效的行动，就是行动要始终围绕着目标进行。好像射箭一样，无论从哪个方向射，无论怎么射，都要对准靶心，这样才能使自己的行动成为有效的行动。要做到这一点，就要对自己的行动加以强化和约束。

（1）集中力量向目标发起进攻。

人的力量是有限的，如果不把力量最大限度地集中到实现目标上，而把过多的力量耗费在无谓的事务上，就不可能有效地实现目标。凡是出色的贡献者，都能把注意力集中到实现伟大的目标上，甚至到了废寝忘食、如醉如痴的境界。

（2）排除无益于目标的活动和干扰。

在日常学习和工作中，会有许多无益于目标的活动和干扰，对于无益于目标的活动，要力求避免。

（3）注意行动不要偏离目标轨道。

目标行动，往往会受到某些阻力或者是受自身习惯的影响而偏离轨道。发觉以后要及时加以纠正，免得回到老路上去而前功尽弃。检查行动是否脱离轨道的依据是短期目标，特别是短期目标中的周目标和日目标。如果发现你的行动与目标不符，就应注意调整你的行动方案。

4. 运用“二八法则”：把最多的精力放在最重要的事情上

人在工作中难免会被各种琐事、杂事纠缠，不少人由于不能高效能地管理好自己的工作时间，整天忙得自己筋疲力尽，心烦意乱，不仅腾不出时间做最该做的事，有时还被那些看似急迫的事所蒙蔽，根本就不知道哪些是自己最应该做的事。结果天天忙忙碌碌，月月碌碌无为，白白浪费了大好时光。

我一直跟我的员工说：“好的员工，首先是一个好的时间管理者。”

一位从事管理工作多年的某企业 CEO 说：“所谓优秀的人，绝对是一个在自己时间上的优秀利用者。”

时间是人生最初的财富。一个人刚来到世上时，时间是他唯一的财富。时间同时也是世界上最公平的东西，富人和穷人每天所分配的时间都是 24 小时。只不过有的人会善加利用，有的人任意挥霍。因此，对于一个人来讲，若不会管理自己的时间，永远不可能成为一个优秀的人。

工作是很多的，时间却是有限的。不会合理地使用时间，计划再好，目标再高，能力再强，也不会产生好的结果。一个人在时间管理上表现无能，在工作上必然也会表现无能。所以，一个人要想使自己优秀，必须要学会管理好自己的时间，不被动地让时间牵着鼻子走，而是主动地把握时间、规划时间，让有限的时间发挥最大的效用。

一位世界 500 强企业的老总曾说：“我不喜欢看见报纸、杂志和闲书在办公时间出现在员工的办公桌上。我认为这样做表明他并不把公司的事情当回事，他只是在混日子。如果你暂时没事可做，为什么不去帮助那些需要帮助的同事呢?”

会不会利用时间不是单纯地看某个人在工作时间内是不是忙个不停。有很多人，从早忙到晚，不但在工作时间忙个不停，而且经常加班加点。表面上看，他好像很努力，很会利用时间，但事实上并非如此。很多从早到晚忙个不停的人的工作绩效并不突出，有些还相当低。你要问他们为什么?“事情太多，忙不过来，没时间。”他们一准会这么回答。

然而事实并非如此。有个员工总是抱怨说：“我的时间总不够用。”我听到她的话，找来一个杯子，里面塞满了橡皮，看起来好像是满了，我又从花盆里抓了一些碎石子放进去，竟然压缩了很多空间，这样一来，杯子看起来更满了，然后我又从花盆里抓了一点点土，装到杯子里，石子间的缝隙也被填满了，最后，我又去饮水机接了一点水，杯子里居然又装下了一点点水。

最后我对那个员工说：“你看到杯子满了，但却仍然可以再放入东西。你似乎觉得时间已排得满满的，但其中还有一些闲散的时光可以利用。”

时间是世界上一切成就的土壤。时间给把握不住它的人痛苦，给牢牢将它攥在手心的人幸福。

我的师傅——我们公司现任总裁，就是一个有效利用时间的能手。

他每天清晨7点之前准时来到办公室，先是默读15分钟经营管理哲学的书籍，然后便全神贯注地思考本年度内必须完成的重要工作，以及所需采取的措施和必要的制度，接着开始考虑一周的工作。这是一项十分重要的工作，他把本周内所要做的事情一一列在记事本上，之后就在餐厅与助理一起喝咖啡时，把这些考虑好的事情——小至员工的孩子入托，大到公司的大政方针和计划，都一起商量一番，然后做出决定，由助理具体操办。

我师傅的时间管理法，极大地提高了自己的工作效率，推动了企业整体绩效的提高。

著名的“二八法则”告诉我们：应该用80%的时间做能带来最高回报的事情，而用20%的时间做其他事情。把这个定律融入工作当中，如果对最具价值的工作投入充分的时间，就能使自己避免陷入“瞎忙”的陷阱。

要想有效管理自己的时间，可以尝试按照下面几点去做。

（1）分清主次，有计划地做事。

对一天的工作，要先进行整理，看看哪些是既重要又紧急的，哪些是重要而不紧急的，哪些是不重要而紧急的，哪些是既不重要也不紧急的，分清事情的主次，该先做哪件事，后做哪件事，做到有的放矢，从容不迫。

（2）正确处理突如其来的杂事。

对待突然插过来的无关紧要的电话、突然出现在桌上的文件等杂事小事，要敢于说“NO”，或者暂时放到一边，别让其打乱了自己的工作思路和计划。

（3）用合并同类项的方法做事。

在同一时间段里，把几件事情的发生地点都圈在同一区域内，尽可能搭顺风车，也可以利用别人提供的顺便机会，搭客户A的车去见客户B，少走弯路，减少无谓的时间消耗。

（4）专事专办。

在做一些重要而棘手的事时，专门设立一个时间段，在这个时间段内，要避免打扰，更不能改变初衷去做别的事。

（5）事情总要一件一件地做。

先集中精力做好一件事，然后再去做下一件事，这样才能保持头脑清醒。

（6）充分利用时间，使每一分钟都有所收益。

利用时间还要学会与浪费时间的人划清界限，有些人总是整天无所事事，参与他们的无聊对谈，就休想成为一名有效利用时间的高手。如果有人找来，希望和你聊上一阵，你可以直截了当地拒绝他，让他明白现在不是闲聊的时间。

大多数重大目标无法达成的主因，就是因为人们把大多数时间都花在次要的事情上。所以，必须建立起优先顺序，然后坚守这个原则。

5. 化繁为简：找到做事的捷径

我喜欢高效地工作，但发现很多时候容易被海量的信息和数据淹没，造成思考问题的时候总是抓不到关键点。而化繁为简在这个时候就能够很好地帮助我对信息进行结构化的精简处理，找到问题核心。

先说说我对化繁为简的理解：将重复、不相关、不重要信息的全部剔除，只保留与目标最相关的因素，并将它们按照叙事性的逻辑结构重新组合。这里有三个关键词：剔除、目标和叙事性。

“剔除”很好理解，就是做减法。但这里的剔除并不是指把让你不爽的东西都去掉，而是把所有会对你的判断产生干扰的因素全部删除。

我们公司上个季度要为一个饮料品牌策划一场营销活动，通常策划一场市场营销传播战役所涉及的方面非常繁琐，初级人员在考虑这个问题的时候很容易局限在某一点或者某几点上，缺乏全局性的思维，就如同一直在迷宫边缘打转，始终找不到入口一样。

但是策划部的高璇却交上来一份非常完美的策划案，她是怎么做到的呢?

高璇先把活动的需求和目标相结合，把所有不能对目标产生直接影响的信息和因素去除。这次活动的目标是扭转消费者对该饮料品牌老旧的品牌形象认知，让品牌重焕活力，更加年轻化。在这个目标的基础上，高璇开始做减法，剔除所有干扰完成这个目标的信息和影响因素。

首先，她把一些重复的因素合二为一。比如包装过时，广告语古板，代言人年纪大了，这些都属于品牌信息陈旧的问题。因此只用列出“品牌信息陈旧”就能够一言概之这些问题，将重复的信息精简，将相同属性的因素进行归纳总结。

其次，她把不相关的因素删除。比如过去的销售渠道单一，未来将并购其他饮料品牌。这些属于商业战略的问题，和“如何使品牌年轻化”这一目标没有关系。她判断的标准就是看各个因素是否和你的主要目标有关，如果没有关系就果断删除。

最后，删除不重要的因素。比如，市场推广预算不足，这可能只是造成品牌年轻化道路上的一个间接障碍。她说：“品牌重塑是一个浩大的工作，需要长期大量的市场预算支持，这一点就可以暂时放在一边不去考虑。”

综合三点，高璇交出了一份令客户十分满意的策划书“答卷”。

精简思维很大的一个作用就是，一开始就让你从一个或者几个准确的点开始思考问题，然后逐步由点成线，由线成面。在找到最核心的关键因素之后，你需要根据它们来构思你的故事，用叙事性的逻辑思维将你的思路娓娓道来。

现代管理学之父彼得·德鲁克曾经说过这样一句话：“时间是最宝贵而有限的资源，不能管理时间，便什么都不能管理。对时间的管理直接关系到工作效率的高低。”而在对时间的管理中，最有效的便是将工作以繁化简，实现对时间的“简单管理”。

宝洁公司是世界500强企业之一，其提倡人员精简、结构简单。

宝洁公司推行简单高效的卓越工作方法，他们厌恶任何超过一页的备忘录。对此，曾任该公司总裁的哈里说：“从意见中择出事实的一页报告，正是宝洁公司做决策的基础。”

当然，在实践中，如果他遇到冗长的备忘录时，通常都会退回，并加上一条命令："把它简化成我所需要的东西!"或者他会对备忘录的作者说："我不理解复杂的问题，我只理解简单明了的。"

宝洁公司提倡的正是化繁为简，提高做事效率的企业文化。对此，主要从事组织沟通管理咨询的艾森克·胡德曾经对美国企业进行过一项调查，研究结果显示，造成员工工作过量、效率低下、时间紧张的原因就在于"缺乏焦点，不会在工作中删繁就简"。

的确如此，在当代企业中，做任何事情都要讲究效率和效益，那些只知道苦干、瞎忙的人，最终只能被企业淘汰。追求高效率，是企业最需要的，也是对员工最基本的要求。而要想追求高效率，必备的一种技能便是简化工作中的问题，避免冗繁。

化繁为简的思维方法在工作中大有益处，那么在现实生活里，我是如何培养自己化繁为简的思维的呢？我有这样三条心得和大家分享。

第一条：找到关键因素，组成你的故事

面对摊在桌子上的一大堆信息资料，你需要判别出哪些是和目标最直接相关的信息。先把它们摘出来，拿一张白纸，把它们一一写下来。然后思考这些因素是否能构成你的故事，如果有缺失，再去原来的资料库里找。如此反复，直到它们能够在你脑海里形成一个完整的故事链。

第二条：锻炼全局眼光和框架思维

我很喜欢提纲这个东西。比如大家现在正在看的这篇文章，写之前我是构思了一个结构提纲的：

第一部分：抛出观点，解释什么是化繁为简；

第二部分：举例说明，以工作中的一个项目为例解释如何运用化繁为简；

第三部分：日常训练，如何培养化繁为简的能力。

提纲提供的是框架性思维，是看待事物的角度和方法。它关注的是全局，而不是纠结于单一的细节点，就好像设计一栋建筑，首先必须有图纸一样，图纸就是建筑设计师的提纲。

我自己训练框架思维的方法很简单，找到最喜欢读的书或者电影，尝试着用最简练的语言概括它们的核心剧情或者内容。比如有段时间我喜欢看《西部世界》这部美剧，假设我们的目标是吸引没有看过的人读完剧情简介后去观看，那么第一季10集的篇幅，剧情可以这样概括：

“在遥远的未来，人们建立了一座由高智能机器人组成的游乐园——西部世界。在这里游客能体验真实的杀戮和主宰世界的快感（故事起源和背景）。突然有一天园区中机器人的自我意识开始觉醒，它们开始脱离电脑的设定（冲突1），另一方面，这个园区背后的设计者也在策划着不可告人的事情（冲突2），与此同时，一名神秘的黑衣人也在大肆屠杀园区里的机器人（冲突3）。而故事的主角在经历了各种考验之后，最终发现了这个乐园的秘密（过程和结果）。”

大家也可以找出自己喜欢的电影或者书籍，用前面提到的方法概括剧情，进行精简训练。

第三条：学会自圆其说

当你完成了精简工作，删除了不必要的元素，组成了你的故事，这时还差最后一步，就是复查。你需要检查你的故事是否有前后矛盾，是否前面挖过的坑后面没有填，首尾是否形成呼应。如果你觉得自己当局者迷，可以把你的故事先讲给身边的朋友或者同事听，看看他们是否完整了解到你想要传递的信息，有什么缺失或误解的地方记下来回去重新补上。总之，你的故事必须自圆其说，尽可能减少逻辑上的漏洞。

我们经常会看到这样的现象：某位员工就某件事情汇报了半天，领导依然不得要领，不知其说话的主要意图；某位员工就某件事写了一篇报告，洋洋洒洒数千言，然而，到底要表达什么，领导看了半天也不明白；领导交给员工一项简单的工作任务，员工却办得非常复杂，让领导头疼不已……这是员工在工作中效率低下的普遍表现。

第九章

立足本职，积极进取：不断提升自己，缔造人生辉煌

现在是一个风云变幻的时代，假如你只是满足于现状，没有长远的计划，就像是井底之蛙，几乎没有成功的可能。企业需要的是有能力的人，这些人能快速学习新知识，并把学到的技能迅速运用到工作上。因此，你必须努力提升自我，不断学习新技能。

1. 工作中仅仅“称职”是远远不够的

NBA 传奇人物乔丹总结自己的一生时曾说：“从‘不错’迈入‘杰出’的境界，关键在于自己的心态。”这位历史上最伟大的篮球运动员结合自己的奋斗历程，只用一句话便表明了人生成功的最大秘诀。在工作和生活中，你可以使自己变得很优秀，也可以使自己过得很平庸，这一切并不完全取决于别人或者环境对你的要求，关键在于你是否拥有一颗进取的心。

在企业中，对工作负责的员工或许可以称得上是一个称职的员工，但绝对不是一个优秀的员工。满足现状意味着退步，不断进取才能抵达成功。一个人如果从来不为更高的目标做准备的话，那么他永远都不会超越自己，只能永远停留在自己原来的水平上，被不断进步的社会和不断更新的工作淘汰。因此，如果你想在工作中出类拔萃，就必须要有进取心，就不能安于平庸。

因此，不管你在什么行业，不管你有什么样的技能，也不管你目前的薪水多丰厚、职位多高，你仍然应该告诉自己：“要时刻拥有进取心，追寻更高目标。”追寻更高目标，便意味着更高程度的自我价值实现，这种强烈的自我提升欲望促成了许多人的成功。

杰出人物从不满足现有的目标状况。随着他们的进步，他们的标准会越定越高；随着他们眼界的开阔，他们的进取心会逐渐增长。对于比尔·盖茨来说，如果他仅仅希望开一个小公司赚点钱，那么他20岁时就已经实现了这个目标；如果成为世界上最有钱的人是他的最高理想的话，早在32岁的时候他就已经实现了这一目标。如果他没有不断超越自我的志向，他在年轻的时候就可以醉心于自己的伟大成就而举步不前了。

凡是事业有成的人皆是如此，他们会以毕生的精力去追求更高的目标，不断追求新的技能以及优势的开发。即使偶有突发事件，他们也不会改变自己的目标。

我们公司去年上线了一款新产品，在产品研发期间，总裁明确要求提升产品性能。而创新内部的一个零件，才能达到延长产品寿命的目标。

有位工程师认为，以目前的生产水平和工期进度，再去创新零件是根本不可能的。他对总裁说："天啊，这种设计简直是天方夜谭！以我多年的经验来判断，这是绝对不可能的事。我愿意和您打赌，如果谁能设计出来，我宁愿放弃一年的薪水。"

总裁先生笑着答应了工程师的赌约，但他仍坚信自己的设想："尽管现在还没有生产出这种零件，但无论如何，只要多搜集一些资料，并把它们的长处广泛地加以分析和改进，是完全可以设计和生产出来的。"

后来，其他工程师通过对全世界范围的零件资料的搜集、整理和精心设计，奇迹出现了，理想的零件不但被成功设计出来，而且还正式生产出来了。

那位赌输了的工程师对总裁说："我愿意履行自己的赌约，放弃一年的薪水。"

此时，总裁严肃地对他说："不用了，你可以领走你的薪水，但看来你并不适合在我们公司工作了。"

显然，这位工程师被辞退的最大原因便是他缺乏进取心。事实上，一个没有进取心的员工，就相当于站在失业的边缘。

我的朋友前年外聘了一位首席财务官曹华。起初，曹华在工作岗位上非常努力，而且业绩也很突出。朋友很赏识他，给他加了很多次薪水，还发了不少福利。

在担任首席财务官期间，曹华拿着丰厚的薪水，驾着公司配备的专车，住着公司购买的房子，他的生活品质得到了很大的提升。然而，不过几个月的时间，他就开始懈怠起来，工作热情一落千丈，把更多的精力放在了享乐上面。

当我的朋友问他还有什么追求时，他说："我应该满足了，在这家公司里，我已经到达自己能够到达的顶点了。"曹华认为公司的首席执行官是老板的亲戚，自己做首席执行官是不可能的，能够做到首席财务官就到达顶点了。因此他在首席财务官的位置上坐了差不多一年的时间，却没有干出一点值得一提的业绩。

我的朋友善意地提醒他："应该上进一点了，没有业绩是危险的。"

没想到，曹华竟然说："我是公司的功臣，而且这家公司离不了我曹华，你不能把我怎么样的！"他甚至可能这样想：丰厚的薪水永远属于我，车子永远属于我，房子永远属于我，没有人可以夺去，因为没有人可以替代我。

的确，朋友的公司很多工作离不开曹华。然而，他的糟糕表现，还是让朋友动了换人的念头。在一个清晨，曹华驾着车，和往日一样来到公司，优越感十足地迈着方步踱进办公室里，第一眼看到的却是一份辞退通知书。

被辞退了，丰厚的薪水没了，车子不得不还给公司，直至最后他不得不从舒适的房子里搬了出来，去租一间小得可怜的、连上厕所都不方便的小套间。

试着为自己设立更高的目标吧！在完成一天的工作之后，你有没有想过：我应该能够做得更出色一点，或者更勤奋一点？你完成工作的质量是否比以前高，速度是否比以前快，你的工作习惯、态度、解决事情的方法与以前相比是否更好？

不断追求更高的自我定位，从根本上说，是为了自身不断地进步。不断进取的过程更是重塑自我的过程。这好比跳高运动员，不断进取就是要把有待跃过的横杆升高一格或几格，力争做到更好——很可能，这“更好”并非巨大的超越，而仅仅是超出那么一英寸左右。但每当运动员们尝试跳得更高一点儿时，他们实际上就是要重新塑造自我。他们必须重新思考自我的含义，然后，他们要设定新的目标——不是基于过去的纪录，而是基于重新思考后对自我的全新认识。这个新的自我所处的位置更高，必将会有更杰出的工作表现。

这么做时不要想着是为了讨得老板的欢心，也不要寄希望于能立即加薪升职。因为有时你积极进取，对于老板而言，只说明你是一个有价值的员工。老板也许由于利益的缘故不会马上给你升职，但你的价值又何止于此？你在其中所获得的成长是其他甘于平庸者无法企及的，即使你和他们处于同一职位，你也会显得卓尔不群。

2. 让自己成为公司里不可替代的人

要想成为一名卓越的员工，到底应该具备什么样的素质呢？回答是多种多样的，人们至今也没有找到一个衡量卓越员工素质的统一标准。不过，人们对于“拥有自己的核心专长，是迈向卓越的第一步”这一点是可以达成共识的。所以，任何一个人想要实现自己的目标，就需要找到和塑造自己的核心专长，这样，你才拥有了迈向卓越的能力。

职场如战场。在这个竞争激烈的社会，“优秀”已经过时，“卓越”也变得岌岌可危，这就直接导致了两种结果：找工作的人四处碰壁，有工作的人危机四伏，一个不够优秀或一无所长的人很容易就会被社会淘汰。

一个人要想出人头地，在职场中变得无可替代，就必须做到专业，让自己拥有别人拿不走的东西，并不断地强化它。只有不断提升自己在这方面的能力，才能在时代大潮中站稳脚跟，在危机时刻获得更多生存的机会。就价值而言，具有专业技能的员工含金量更高，是公司蓬勃发展的依托。

一名员工的价值，取决于其不可替代的程度。在企业中，总有一些岗位，因为能胜任的人很少，所以待遇很高。

有一天，我们公司生产线上的一台机器出现了故障，顿时整条生产线都停了下来。眼看交货日期迫在眉睫，只能请公司退休的老工程师谢老来看看。

谢老经过检查和计算，用马克笔在点击图上画了个圈说：“按照这个图纸，在打圈的地方增加一个轴承。”技术人员按照谢老的方法做了以后，机器果然恢复正常了。

我问谢老要多少酬金，谢老说：“10000 块。”大家都很惊讶，一个圈居然值这么多钱。谢老淡定地说：“画一个圈值 1 块钱，知道在哪儿画值 9999 块钱。”

这就是专业带来的可观价值。作为一名员工，要想在人才济济的职场之中脱颖而出，就必须能够胜任自己的工作岗位，并做到专业，这样才能引起老板的注意，受到同事的钦佩，从而奠定自己业务骨干的地位，为今后的发展打下坚实的基础。

然而，在我们的日常工作中，很多员工不能适应本职工作，首先就是因为他所具备的知识和技能与工作要求不相符。对于这一点，解决办法就是：在本职工作中丰富自己的知识，提高工作技能。这要求每一名员工除了要有坚强的毅力外，还必须掌握科学的方法，具有足够的自信心。

我的朋友高乐是一家五星级大酒店餐饮部的一名小厨师。他长相普通，甚至还有点丑，而且他也没有什么特别的长处，做不出大家认可的大菜，所以他在餐饮部只能给人当下手。为此，大家都看不起他，还经常指责他。但是面对这些，高乐不以为意。

一天，他的师傅对他说：“我老了，很快就要退休了。退休之前我还可以帮助你，但在我退休之后，你肯定会因为没有一项专长而被酒店辞退。所以，你要想继续在这里干下去，就应该培养一项专长，否则，你的饭碗是保不住的。”

师傅的话警醒了高乐。于是，他开始冥思苦想，尝试打造自己的核心专长。经过半年多的刻苦钻研和训练，他终于练出了一手“绝活”——非常特别的甜点。他能把两只苹果的果肉都放进一个苹果中，那只苹果就显得特别丰满，可是从外表上看，一点儿也看不出是两只苹果拼起来的，果核也被巧妙地去掉了，吃起来特别香甜。

这道甜点被一位长期入住酒店的夫人发现了。她品尝后，十分欣赏，并点名要见做这道甜点的人。这个一直不被人重视的憨小伙儿见到夫人之后，激动地说："我一定再接再厉，不辜负您的期望。"随后，他又推陈出新，制作出更多巧夺天工的甜点。

那位夫人虽然长期包下了一套最昂贵的套房，一年中加起来只有不到一个月的时间在这里度过，但是，她每次到这里来，都会点那道甜点。

酒店里每年都要裁去一定比例的员工，经济低迷的时候，裁员的规模就会更大，但是不起眼的高乐却一直没有被裁掉。后来，酒店的总裁告诉他，那位夫人的丈夫是他们最重要的客人。而高乐，由于有他人无法模仿的核心专长，已经成为酒店里不可或缺的卓越员工。

无论你从事哪一种工作，只要你有和你的工作有关的核心专长，那你就相当于拥有了笑傲"江湖"的利器。核心专长，这是一个员工走向卓越的必备条件，也是优秀员工不可或缺的因素。员工只有打造出自己的核心专长，不断地向卓越员工的目标迈进，才有可能实现自己的梦想。如果高乐没有自己的专长，不会制作甜点的"绝活"，那他还有什么资本继续留在酒店工作呢？

核心专长之所以具备强大的竞争力，这和它的拥有难度也是有关系的。一个员工，要想打造自己的核心专长，就必须付出极大的努力。这就要求员工要时时发挥自己的专业特长，明确自己的职业目标，然后通过不断的学习来提高自己的知识文化水平和专业技能。同时，还要培养正确积极的工作态度和树立职业化的员工形象等。只有做到了这些，你才能实现从平凡到卓越的跨越。

如果今天做不到这一点，那么明天你就有可能加入到求职大军的行列。所以，你必须尽快找到自己的优势，将自己塑造成一个不可替代的员工。唯有不可替代，方可笑傲职场。

不可替代的员工，从综合素质上来讲也未必是最优秀的。他们之所以不可替代，是因为他们拥有自己的专长，并把自己的专长发挥到极致，而这样的人通常也是团队中的核心人物。俗话说，三百六十行，行行出状元。只要努力，每个人都能在自己的岗位上从平凡做到优秀，从优秀做到卓越、做到不可替代。因此，员工要把“精业”作为自己工作的目标，不断激励自己提高自身素质，在工作中追求尽善尽美，从而在竞争激烈的职场中脱颖而出，成就更辉煌的事业。

3. 树立个人品牌，为工作贴上卓越的“标签”

成就卓越，是你工作的最大保障。

任何公司的老板都喜欢卓越的人，我也不例外。你的工作可以是平凡的，但你一定不能甘于在平凡的岗位上平庸一生，否则你很快就会失去工作。只有在平凡的岗位上成就卓越，才是你最大的工作保障。

卓越是智慧和胆识异于平庸，远见卓识而不人云亦云，追求成功而永不懈怠。一个追求卓越的人，必定是充满自信、勤奋忘我、拼搏进取的人。一个追求卓越的集体必定是朝气蓬勃、奋发图强，充满生机、活力和希望的集体。此时，淡泊宁静不失为一种调试心境、平衡身心的方式。人生可以平淡，但不可以平庸。矢志追求者必须勇于从平凡中崛起，在淡泊中丰富智慧，孕育卓越。卓越永远都是最好的工作保障，你也许决定不了会不会失去工作，但你可以掌握你自身的价值。

下面这个故事可以说明这个道理。

有一个自以为是的年轻人毕业后一直找不到理想的工作。他觉得自己怀才不遇，对社会感到非常失望。痛苦绝望之时，他来到大海边，打算就此结束自己的生命。

这时，一个老人从他身边走过。老人问他为什么要走绝路，他说自己不能得到别人和社会的承认，没有人欣赏并且重用他。

老人默默地看了他一眼，从脚下的沙滩上捡起一粒沙子，让年轻人看了看，然后就随便扔在地上，对年轻人说：“请你把刚才我扔在地上的那粒沙子捡起来。”

“这根本不可能!”年轻人说。

老人没有说话，接着又从自己的口袋里掏出一颗晶莹剔透的珍珠随便扔在了地上，然后对年轻人说：“你能不能把这个珍珠捡起来呢?”

“这当然可以!”年轻人说。

老人冲着年轻人微微一笑，飘然而去。年轻人恍然大悟。

老人的话充满了智慧，你如果和众人一样，只是一粒稀松平常的沙子，怎能得到别人的重视呢？因此，若要使自己卓越出众，那你就要努力使自己成为一颗珍珠。

失败的最大祸根，就是敷衍了事的习惯，而成功的最好方法就是把任何事情都做得精益求精、尽善尽美，让自己经手的每一件事，都贴上“卓越”的标签。

做事细心、严谨、有责任心是卓越；做人坚持原则，不随波逐流，不为蝇头小利所惑，“言必行、行必果”，也是卓越。卓越就是不放松对自己的要求，就是在别人得过且过、随随便便时自己仍然一如既往地坚持操守，就是高度的责任感和敬业精神，就是一丝不苟的做人态度。

一位职场成功人士曾经讲过他的经历。

“30 年前，我开始踏入社会谋生。我在一家五金店找到了一份工作，每年才挣 5000 块钱。有一天，一位顾客买了一大批货物，有铲子、钳子、马鞍、盘子、水桶、箩筐等。这位顾客过几天就要结婚了，提前购买一些生活和劳动用具是当地的一种习俗。货物堆放在独轮车上，装了满满一车，骡子拉起来也有些吃力。虽然送货并非我的职责，而我完全是出于自愿——我为自己能运送如此沉重的货物而感到自豪。

“一开始一切都很顺利，但是，车轮一不小心陷进了一个不深不浅的泥潭里，我使出浑身力气都推不动。一位心地善良的商人驾着马车路过，用他的马拖出我的独轮车和货物，并且帮我将货物送到顾客家里。在向顾客交付货物时，我仔细清点货物的数目，一直到很晚才推着空车艰难地返回商店。我为自己的所作所为感到高兴，但是，老板并没有因我的额外工作而称赞我。

"第二天，那位帮助我的商人将我叫去，告诉我说，他发现我工作十分努力，热情很高，尤其注意到我卸货时清点物品数目的细心和专注。因此，他愿意为我提供一个年薪 10000 块钱的职位。我接受了这份工作，并且从此走上了致富之路。"

一个认真工作，以积极的态度对待身边的各种事的人，就是一个卓越的人。卓越的人永远都会有人赏识。

我们生活在一个充满机遇和挑战的年代，同时也是一个充满机会的年代。如果没有一定的开拓精神，什么事情都要等老板来布置和安排，等上司下达指示，明确操作规程和各类注意事项，那我们的工作就难以做到优秀和卓越。我们个人的成就也永远没有卓越的可能。一个公司的老板，会长期供养一名平庸的员工吗？显然是不可能的。

因此，如果你不知道自己未来的远景，你就永远不会到达那里。如果你不求自己成为一名卓越者，你就注定只能是别人计划中的一颗平庸的棋子。因此，在工作中，你要努力成为一名卓越者。那样，你才能成为每个老板心目中重要的棋子，才能成就个人品牌，实现自己的人生抱负。

职场中，我常常看到这样一番情形：员工们工作起来十二分的不情愿，而做老板的则整天为这类事情心烦意乱。员工想尽办法去逃避责任、得过且过，对自己的工作敷衍了事，老板则要为改变这种糟糕的状况而绞尽脑汁。这样发展下去的结果是，员工和老板都把大部分原本应该花在工作上的时间和精力消耗在如何打赢这场内部战争上。这样的结果只可能导致两败俱伤，于公于私都百害而无一利。

王琦是我们公司工厂的修理工，从进厂的第一天起，他就开始喋喋不休地抱怨，什么“修理这活太脏了，瞧瞧我身上弄的是什么，真脏呀，我简直讨厌死这份工作了！”“凭我的本事，做修理这活太丢人了！”

每天王琦都是在抱怨和不满的情绪中度过的。他认为自己在受煎熬，在像奴隶一样出苦力。因此，王琦每时每刻都在窥视着师傅的眼神和举动，稍有空隙，他便偷懒耍滑，应付手中的工作。

几年过去了，当时与王琦一同进厂的另外两个工友，要么凭着自己的手艺另谋高就，要么被公司送到外地进修了，独有王琦，仍旧在抱怨中做自己蔑视的修理工。

由此可见，无论你正在从事什么样的工作，要想获得成功，就要改变自己的态度。如果你也像王琦那样，认为自己的劳动是卑贱的，鄙视、厌恶自己的工作，对它投以“冷淡”的目光。那么，即使你正从事最不平凡的工作，你也不会有所成就。

你也许认为自己志向远大，要做轰轰烈烈的大事，而不适合做那些具体、琐碎的事。可是，你有没有想过，如果你连这些琐碎、具体的事情都做不好，你又怎么可能去做轰轰烈烈的大事呢？一屋不扫，又何以扫天下？

无论你现在正从事着什么工作，都要将它视为你毕生的事业。只有全身心投入工作，视平凡的工作为终生的事业，充分焕发热情，你才能告别平庸的生活，得到自我价值的实现，并在工作中树立起个人品牌。

4. 及时充电，老本儿吃不了一辈子

蘑菇族是近几年来出现的一个新兴词汇，它是指那些被分配在最基层的容易被人忽略的工作岗位上，到头来还要忍受领导的指责、批评的职场新人，就像是一朵蘑菇长在阴暗的角落。那么初入职场的你怎么避免成为一只蘑菇？如何在短期内从蘑菇堆中冒出头来独树一帜呢？

有调查显示，一般行业的知识更新率在 5 年左右，而 IT 行业的知识更新时间仅为 1 ~ 2 年的时间。企业的发展需要人才有序地发展，善于学习和开拓的职场人总是有发光的一天。

我们公司的技术部主管空缺，大家都觉得，这个位置一定非副主管老吴莫属了，毕竟，老吴已经在公司里干了三年了。但是，当人事命令公布时，大家大跌眼镜，新上任的技术部主管竟然是刚到公司才一年的赵英。

原来，老吴在公司三年的时间里，一直在吃老本，每当公司内部有培训，他都不愿意参加，老吴觉得自己的水平应付现在的工作足够了。

但是赵英在工作之余，不仅积极参加公司的员工培训，还自学了英语，并且在公司举办的员工英语演讲比赛中拿了第一名，让领导刮目相看。领导经过多方考量，认为不断进步提升自己的赵英更适合这个职位。

在这个瞬息万变的时代，你是否已感到多年的经验正因新技术的出现而在一夜之间变得一文不值？是否觉得自己在工作中的优势已越来越弱，自身价值得到充分体现的可能也越来越小了？在社会发展日新月异、知识

更新速度不断加快的年代里，“充电”已经成为人们改变职业方向、提升职场竞争力的重要途径。人在职场，如逆水行舟，不进则退，这已经成了越来越多人的共同感受。

工作中开始出现你不懂的东西：一些新设备是你从未用过的，一些新技术是你从未学过的，一些新名词是你从未听说过的……总之，你遇到了“技术障碍”，感到过去的知识已经不够用了，此时，当然不能坐等被淘汰，而要让自己尽快跟上知识更新的脚步。

人生需要不断地充电。整个社会都在以软件更新的速度不断前进，如果你不升级自己，那么唯一的后果就是被社会抛弃。只有不断地充实自己，才能赢在起跑线上。

一批大学生毕业后，各自走上了工作岗位。十年后，他们相约到母校聚会。教授得知这些学生十年来的成就与作为之后，很不满意。教授之前对其中的几位学生尤其寄予厚望，但是十年过去了，他们都表现平平，没有一个有拿得出手的成就。

教授感到不解，于是问他们：“你们毕业后，平均每月看过一本书的请举手。”

学生们都露出惭愧之色，没有一个人举手。

于是教授知道了他们十年来表现平平的原因：“一个月看一本书，对任何人来说都不困难，为什么你们一个人也做不到呢？难道你们认为在学校学习的那点知识已经够用了吗？难道你们在工作中没有遇到任何问题，不需要学习新的知识来解决吗？”

教授的话令人深思。走上工作岗位后，能坚持平均每月看一本书的人有多少呢？难道是因为不需要或者没有时间吗？当然不是。

大多数人从学校毕业后进入社会就失去了进取之心，得过且过，也不会再有什么进步。反之，学生时代那些不显眼，但到社会后仍然勤勉踏实地主动学习的人，往往会有长足的进步。在职业发展上，一个人步入社会时拥有多少知识并不起决定性作用，而自我进修的态度才是决定事业成长高度的因素。

李刚毕业后没多久，就到我们公司做办公室的文职人员，主要负责起草文件、对外宣传等工作。在同一办公室里，还有其他三位前辈。主管在场时，大家都表现出工作很投入的样子。但主管不在时，同事们就开始放松下来，开心地在网上玩玩游戏，侃侃奇闻轶事等。李刚因初来乍到，没有随大流，而是一有空闲，就想一想领导交办的事情有没有未办妥的，自己还欠缺哪方面的知识，然后抓紧时间进行充电。

由于李刚的用心，他为自己的未来增添了色彩。他在公司工作的四年中，第一年做的是普通职员，第二年升任办公室副主任，第三年由副主任转为正主任，第四年出任分公司经理助理。而在办公室玩游戏侃大山的三位同事，虽然入职比他早，但直到李刚升职离开这个办公室，他们仍是表现平平。差距在哪里？就在于李刚一直在充实自己，而他们没有。

优秀人物从不认为自己的学问已经够用，相反，他们几乎一致认为自己所知甚少，需要靠不断学习来满足工作的需要。越是优秀的人越不满足于自己的现状，反倒是平庸之辈对自己的学识潜质颇为自得，他们觉得工作中已经没有陌生的东西，人是熟悉的，工作也得心应手，很少遇到难题，简单轻松就能完成工作。

但是，千万不能因为这样就停止自我更新和自我升级。社会的整体素质正在不断提升，一些文凭比你高，专业知识比你丰富的人可能会加入到你这个行业，成为你的挑战者。那你就更有必要适时充电，以抵挡一波又一波实力不凡的竞争者。

有些人的职场之路过于顺利，以至于他们觉得一辈子都能这样。假设你当初学习的刚好是目前很热门的专业，由于懂行的人才很少，你极可能顺风顺水地享受高职、高薪。但正因热门，必定有更多的人开始学习这一专业，他们掌握的技术也更成熟，将来极有可能把你淘汰出局。假设你遇到一个赏识你的老板，你也可能顺利冲上很多人望尘莫及的高端位置，但这个老板真的能一辈子庇护着你吗？不管什么原因，顺利的状况总是不能持续很久。在一个竞争激烈的时代，辛苦打拼才是生活的常态。因此，当你感到过于顺利时，反倒要警惕，及时充电升级，以应付未来的变化。

要想得到成功的青睐，就及时地给自己充电，为成功的天平增添砝码吧。

5. 不断晋升，用努力和汗水追求成功

积极进取是一种人生态度，更是一种做事方法。积极进取主要强调每个人对自我的正确认识、对周边环境的正确对待、对人生道路的信心和希望。

社会对每一个人都是公平的，竞争合作，共创共享，强者生存，弱者淘汰是竞争的不二法则。不管你今天处在强者的位置还是弱者的位置，都要在崭新的一天开始的时候，在自己的岗位想方设法让自己进步，做到由弱者变强者，强者更强。只有积极进取的人，才能在激烈的市场竞争中，创造优秀的业绩；在激烈的岗位竞争中，立于不败之地。

有一天，我安排给助手一个问题，需要在很短的时间里解决。过了很长一段时间后，我向助手要答案，助手一脸茫然地说道："对不起，陈总，这问题对我来说太难了，根本无法解决。"

我感到非常生气，我想：事情已经交给你很长时间了，即使问题再难也应该找到办法解决了。

助手解释道："我想，除了您没人能解决这个问题。"

我生气了："你根本就没有去找人，也没有去想办法，你又怎么知道没人能够解决呢？我告诉你，这个问题除了你，其他所有人都能够解决。"

最后，我对我的助手说："你这是没有积极进取的意识，怎么能一遇到问题就偃旗息鼓呢？你应该充分发挥你的才能，直到将问题解决为止。"

很多人在工作中一遇到麻烦就偃旗息鼓，这是因为缺乏进取意识。其

实，一个人的潜力是无限的，只要你愿意发挥，积极进取，就能得到提升。

几年前，包晓琳来到我们公司应聘，这是她毕业后的第一份工作。没想到在新人培训的第一天，主管把所有入职的新人叫到一个会议室里，每人面前放着一台碎纸机，他们的第一份工作就是粉碎所有过期的文件。并且，主管的要求非常严格：不能遗留任何一张文件！

会议室里好几台碎纸机同时工作，嗡嗡的声音让她十分头疼，一张张受潮的文件散发出阵阵霉味儿，让她一直干呕。一连好几天，他们都在做一些无关紧要的事情，包晓琳开始打退堂鼓："我不会以后都要做这样的琐事吧，我应聘的职位是市场专员啊。"

有一天，我在茶水间碰到了她，看到她愁眉苦脸的，就问她："怎么，工作才刚开始几天，就心灰意冷了？"

包晓琳说："陈总，我觉得现在的工作和我想象中的差距太大了，就算是新员工培训，也得做一些和本职工作相关的内容吧。"

我对她说："在这个公司，每一个人都是从最基层做起的，我也不例外，在职场上，你能不能脱颖而出和你做什么工作没有关系，更多的是你有没有上进心，肯不肯努力。"

包晓琳似乎懂了点什么，我继续对她说："加油，你一定能行的。"

从那天起，包晓琳似乎变了一个人，在粉碎每一份文件之前，她都非常认真地阅读一遍，因此，她学到了不少知识，最后几天的员工技能培训对她来说简直易如反掌。培训期结束，包晓琳获得了新进员工考核的第一名，如愿以偿地进入了市场部。

进入市场部之后，她经常向前辈学习，不仅高效地完成了自己手里的工作，还经常为其他人提供帮助，甚至自考了 MBA，她的上司和同事都对她赞不绝口。她加入我们公司的第三年，就被提拔为分公司的市场部总监了。

在公司里，经常得到晋升机会的人，大多是能够积极推销和表达自己

的、有进取心的人。当他们还是公司的一名普通员工时，只要和公司利益或者团队利益相关的事情，他们就会不遗余力地发表自己的见解、贡献自己的主张，帮助公司制订和安排工作计划；在完成本职工作后，他们总能协助其他人尽快完成工作；他们常常鼓励自己和同伴，提高整个队伍的士气；这些人总是以事为本、以事为先——他们都是最积极主动的人。

我们公司的楚静从销售“菜鸟”到销售主管，仅仅用了一年半的时间。很多跟她一起进公司的同事对此都非常不解：大家一起进的公司，她怎么就升职升得那么快？后来经过一段时间的观察，大家终于找到了楚静快速升职的秘诀，她有自己的核心专长——无与伦比的协调和组织能力。

原来，楚静刚来公司的时候，也跟所有的销售“菜鸟”一样什么都不懂，楚静自己也深知这一点。所以，来到公司以后，楚静一直没有放松过。她努力学习前辈的经验，认真研究相关书籍，提高自己的语言能力和团队协调能力，研究公司的产品，她的综合能力得到了快速提升。最重要的是，她的协调和组织能力非常出色，甚至让公司的总经理都觉得惊讶。于是，楚静就这样靠着自己的努力，被提拔成了销售主管。

从平凡的工作中脱颖而出，一方面由个人的才能决定，另一方面则取决于个人的进取心态。这个世界为那些努力工作的人大开绿灯，直到他生命终结。

今天工作不努力，明天努力找工作。珍惜你现在的工作，做一个努力工作的人吧。这或许并不是你唯一的选择，但肯定是你最聪明的选择。